大夏

大夏书系｜教育新思考

看見幸福

教育的积极力量

王恭礼——著

华东师范大学出版社

·上海·

目 录
c o n t e n t s

序一　幸福教育的守护人

　　晋江市华泰实验小学校长王恭礼是福建省"十三五"中小学名校长培养工程小学名校长班学员。作为培养工程的项目负责人，我因而有了认识恭礼校长和华泰实验小学的机会。因为我和他分在同一个学习共同体小组，我对他的了解就多了一些。在我的印象中，他好学、善思、谦和、重情、友善、安静。培养工程还没有结束，因为工作调整，我没有再承担项目负责人的工作，但是作为学习共同体小组导师组成员，我和他的交流联系没有中断，即便是名校长培养工程结束，他被认定为福建省"十三五"小学名校长之后，我们之间还保持了持续的交流，经常以微信、电话等方式分享彼此的读书心得、所思所想、教育见解等。

　　2023 年 3 月 25 日中午，我在省委党校学习，收到恭礼校长的短信，他说："感谢这几年您一直关心我、指导我、帮助我，我才能不断成长，激情满怀。知道您特别忙，但有一件事情，还是鼓起勇气求您成全。华泰实验小学将迎来办学十周年，我借机整理了办学十年的个人感悟和心得，梦想着能做一本个人小册子，现在已经整理出初稿了，想请求您有空时帮我指导一下，看看要怎样修改。另，想请您帮我写个序，鼓励一下我，指引我以后怎么走。不知您能否成全。"收到短信后，我马上回复他："很高兴收到您发给我的书稿，很荣幸能第一时间读到您的办学思想与办学实践成果，很愿意在完整读了您的大作后谈点心得体会，就是不知道是否能达到您的期待。十年磨一剑，这样的作品令人期待，也是对十年办学庆典最好的礼物。值得隆重庆贺！"

之后的日子里，我一有空就读他的《看见幸福——教育的积极力量》。由于工作原因，直到今天才读完全书文稿。读完后我对恭礼校长和华泰实验小学有了更全面的认识和理解。下面我就恭礼校长的《看见幸福——教育的积极力量》谈谈我的体会。

一是幸福教育有根有据。华泰实验小学"六年奠定幸福人生"的办学理念，是恭礼校长 30 年教育教学思考与实践的理性选择。这个理念不仅得到教育名家顾明远先生等人的认可与赞赏，而且日益成为华泰师生、家长的共识，成为学校共同的价值观。纵观全书，其根其据至少有两个方面：第一，幸福教育是深入学习贯彻习近平新时代中国特色社会主义思想的生动校本化探索。习近平总书记多次强调，"中国共产党人的初心和使命，就是为中国人民谋幸福，为中华民族谋复兴""人民对美好生活的向往，就是我们的奋斗目标""让人民群众的获得感成色更足、幸福感更可持续、安全感更有保障"。幸福教育就是学习贯彻这一党的创新理论和习近平总书记关于教育重要论述的成果。正如恭礼校长所说："我之所以选择以孩子为立场践行幸福教育，最关键的原因是我认为追求幸福是新时代的召唤，是新时代的需要。"第二，幸福教育充分学习和借鉴古今中外有关幸福的教育理论与实践的丰富成果。孔子的"有教无类"、陶行知的"敲碎儿童的地狱，创造儿童的乐园"、朱永新的"过一种幸福完整的教育生活"、内尔·诺丁斯的"幸福教育理论"、萨瑟兰·尼尔的"夏山学校"、布鲁姆的"教育目标分类学"、刘希娅校长的"六年影响一生"理念、林启福校长的"福泽教育"理念等，是恭礼校长建构和完善幸福教育体系的重要参考。

二是幸福教育有爱有情。冰心说："有了爱就有了一切。"恭礼校长热爱教育，对教育有特殊的情怀，是爱的教育的坚定守护者和践行者。他说："校长不懂爱，就不是好校长。校长对职业的爱、对老师的爱、对学生的爱，是缺一不可的。校长的爱，会催生教师对学生的爱，催生学生之间的爱，催生学生对学校的爱。爱是和谐校园的根，爱是学校教育的本。好校长应该是一个懂得爱的人。"他是这么说的，也是这么做的。他把"教育的真谛是爱"镌刻在学校后大门的石碑墙上；他非常注重培育教师会爱能爱的能力，强调培养教师爱工作也爱生活，只有这样，才能够"让教师先快乐幸福起来"。晋江市首届教学技能大赛特等奖获得者陈娇梅老师在她的《我的幸福成长三部曲》中写道："王校长简简单单的一句话，犹如一剂强心针，让我瞬间拥有超级力量。"恭礼校长不仅关爱教师，也关爱学生，关爱家长，关爱来学校跟岗学习的校长、教师。幸福教育是充满爱的教育，华泰实验小学是充满爱的家园。恭礼校长为何如此钟情爱的教育？读完《看见幸福——教育的积极力量》，我想你会和我一样，从中找到答案。在书中，我读到了他父亲对他的爱，他说："从小爱练字，是受父亲的影响。""有一年，我写完春联，主动和父亲闲谈，谈起我无法成为书法家，内心挺难过的。没想到，父亲竟然安慰我：'……你工作那么忙，哪有时间投入书法练习？况且你是一个小学校长，主要工作就是办好学校，这才是你最重要的事情。做个好校长比当个书法家对国家对社会贡献更大！'"在书中，我也读到了他刚工作时所在学校老校长对他的爱，"记得上岗报到那一天，老校长骑着一辆大自行车到镇上来接我""在老校长的带动下，我打下了扎实的教学基本功，慢慢形成了自己的教学风格，得到学生的普遍喜爱，教学成绩突出，在镇级区域内有了一定的名气"。在书中，我还读到了许多领导、专家、优秀同行对他的爱，如教育部原副部长、原国家总督学王湛先生勉励他"要用心办学，坚持不懈地为孩子们做几件事，义无反顾地做好学校课程建设，积极推动课堂改革"，并题写学校育人目标"让每一个孩子全面而富有个性地发展"；中国教育学会名誉会长顾明远先生充分肯定学校"办学愿景提得很好，很正确，好好办学，努力兑现这样的愿景"，并为学校题写校名和"六年奠定幸福人生"的办学理念。幸福教育就是恭礼校长在不断收获和享受来自父亲、老校长、老领导、专家、优秀校长的爱的同时，也在不断地守护爱、践行爱、传承爱、传递爱，他让学校始终洋溢着有爱有情的幸福味道。

三是幸福教育有方有法。恭礼校长不仅爱教育，而且懂教育，具有很强的教育领导力。这主要得益于两个方面：一方面，与恭礼校长好学、善思、敢为有关；另一方面，离不开组织的精心培养。晋江市委市政府高度重视校长队伍建设，以理论研修、挂职教育行政部门和名校跟岗等多种方式助力校长专业发展，为恭礼校长等一批又一批校长的成长提供了良好的环境和平台。幸福教育的理念与实践是恭礼校长卓越教育领导力的核心体现，是对幸福教育有方有法的系统审视。他坚持系统观念，具有战略思维和系统思维，注重以科学的战略谋划学校的发展，在规划中体现自己的教育观、学校观、教师观、学生观、家长观、管理观、质量观等办学治校核心理念。华泰实验小学创办以来，他带领班子成员和全体教师，先后酝酿和实施了两个五年发展规划：第一个五年发展规划——幸福课程建设，培养学生全面素质；第二个五年发展规划——幸福课堂构建，培育学生核心素养。积极建构起包括学校的办学使命、办学目标、育人目标、校训、校风、教风、学风等要素在内的完整的幸福教育理念体系；制定出学校发展目标、教师发展目标和学生发展目标等三大发展目标，持续推进幸福环境文化创设、幸福管理文化营造、幸福课程建设、幸福教师打造、幸福课堂构建、幸福学生培育、幸福家长培养等方面的幸福教育实践。幸福教育有方有法还可以从微观层面去探寻，例如学校教师例会，制定出"按时参会、做好记录、精简布会、做到'六不'、严格限时"五条公约；撰写校长日记，记录办学治校过程中的点滴思考等。

四是幸福教育有效有果。幸福教育理念是恭礼校长从教30年来不断思考、持续实践形成的。系统、全面地丰富和完善这一理念应该是在华泰实验小学这十年。总览全书，我深刻地感悟到幸福教育所呈现的丰硕成果。第一，课程建设渐成体系。做实基础型学科，语、数、英等国家课程建设扎实推进；做精拓展型学科，有效整合国家课程和地方课程，"一手硬笔好字、一项运动技能、一个阅读习惯、一门艺术爱好、一种探究精神"等"五个一"课程有效实施；做活体验型课程，道德与法治教育、爱国主义教育、生命安全教育、综合实践教育和校园文化节日等灵动开展，润泽孩子心灵。第二，教师素养全面提升。恭礼校长自豪地说："许多老师在五大项拓展型课程实施中，慢慢地从一专转变为一专多能，音乐老师会书法、懂阅读，体育老师会吹陶笛，语文老师成为跳绳高手，他们的课程意识与课程执行力普遍提升。"教师在各项赛事中不断取得好成绩。恭礼校长本人也得到了发展，荣获省"十三五"名校长称号，晋江市教育局还专门以他的名字成立工作室，发挥他的引领辐射作用。第三，华泰学子全面发展。六（3）班的倪潇然同学在《写一手好字，让我自信满满》中说："我已经连续五年参加书法节了，从最初的三等奖，到今年的一等奖，成绩越来越好，我成为班级的写字高手，我对写字越来越自信，写字让我快乐。"恭礼校长高兴地说："许多华泰学子的多样素养得以显现，既是跳绳高手又是数学能手，既能写一手好字又能吹一支好笛，既是阅读达人又是科学爱好者。"学校不断收到华泰学子在各级别各类型赛事中取得好成绩的证书、奖牌。第四，家校合作成效显著。学校非常重视家校合作，活动丰富多彩，"每天进步一点点新生家长会""故事家长义工团""故事爸爸""故事妈妈""亲子悦读会"等成为家校合作的亮丽风景。学校办学得到了家长的广泛认可。家长李晓芳女士在给恭礼校长的短信中说："月琪在跳绳中身体越来越好了，以前经常感冒，现在身体强壮起来。我想这是跳绳带来的好处，谢谢王校长，我们选择读华泰，真是明智之选啊！"第五，办学特色日益凸显。学校先后获选"全国传统跳绳项目试点单位""全国跳绳运动传统项目示范学校""福建省最美书香校园""福建省读写教学研究基地校""福建省民乐传承推广（陶笛）实验基地"等。学校日益成为省内外校长、教师培训的实践基地。

2023年11月，华泰实验小学将迎来办学十周年庆典。借此机会，热烈祝贺恭礼校长和华泰实验小学！衷心祝愿恭礼校长和华泰实验小学的未来更辉煌、更幸福！

杨文新

2023年5月16日于大梦山

（杨文新，教育部校长国培专家，福建教育学院副院长）

序二　一所流淌着幸福的学校

说到"教育与幸福",我们可以找到许多金句:

教育是获得幸福的有效途径;幸福是教育的最终目的;幸福教育,就是"教幸福、学幸福"和"教得幸福、学得幸福"的教育;教育,就是用爱成就幸福;教育,是一场幸福的遇见;让幸福教育成就师生幸福人生;幸福,教育高质量发展的归旨;过一种幸福完整的教育生活……

这些美好的金句告诉我们,教育与幸福密不可分。

一些学校忽视了对教育本真本原的坚守,把有温度的教育做得冰冷了,把教育本该有的幸福做没了,让教育与幸福在很大程度上"分离"了。

好学校是有大境界的。好学校的大境界,至少有一点,就是"让教育与幸福'水乳交融'"。

王恭礼校长的《看见幸福——教育的积极力量》一书,让我眼前一亮:华泰实小是有大境界的,他们把幸福教育真正做出来了。

把"幸福教育"之境做出来,体现在营谋好学校之境——"顶层构建"重品质求高远;体现在营谋好课程之境——"价值引领"重内涵求特色;体现在营谋好课堂之境——"积极变革"重创新求实效;体现在营谋好教师之境——"内心觉醒"重师魂求师智；体现在营谋好学生之境——"灵性生长"重全面求特长。

幸福学校之境的"顶层构建"，包括：校长有梦——为幸福而来——有梦想，校长的精神才更加昂扬，意志才更加坚定，步伐才更加有力；理念有魂——六年奠定幸福人生——学校的理想和信念具有教育之魂，学校用教育理想去追求理想教育；办学有道——让教育带着"幸福"落地——学校致力于内部挖潜，努力发掘自身的优势，形成自己的办学主张；管理有境——教育是人与人之间幸福的滋润——学校管理的高境界要求，还需要全校师生有共同的精神追求和共同的价值观；未来有谋——好校长应该是一个把学校带向未来的人——学校具有"预见未来"的"前瞻视野"，唯有"洞见"未来，方能路径清晰。

幸福课程之境的"价值引领"，包括：品质求高——幸福课程建设——课程设计立意高，内涵丰富而多维；内容求丰——"一手硬笔好字、一项运动技能、一个阅读习惯、一门艺术爱好、一种探究精神"五门拓展型课程——学校积极设计个性化课程结构与构建生成性课程体系，让课程"丰满"起来；体系求佳——做实基础型课程，做精拓展型课程，做活体验型课程——学校全面优化"本校课程"体系，让"本校课程"渐入佳境；运行求活——学科教师转变为一专多能的教师——学校通过各种课程的实施，让核心素养培育悄然落地；统整求新——整合后内生幸福课程——统筹整合各学段、各学科、各环节、各种资源，创新实施课程。

幸福课堂之境的"积极变革"，包括：深度学习——从知识本位跨越到素养本位的课堂改革——深度学习"价更高"；听课变革——从看教师的"教"转变为看学生的"学"——让学生登上学习快车；音量管控——教育的幸福就在安静中——让我们静静地办教育，"静能生慧"；

"学习单"——从教学内容中凝练本原性问题，把本原性问题分解成问题串——幸福课堂的"风向标"；两个改变——U型场域与语流训练——U型场域改变了场域生态，语流训练改变了人际生态。

幸福教师之境的"内心觉醒"，包括：教精其术——紧紧抓住"锤炼教师教育教学专业力"这个"牛鼻子"——教师精通教育教学过程中的方法、手段和技巧；教明其道——没有教师的快乐和幸福，就没有学生的快乐和幸福——教师明晰教育的本真本原之道；教取其势——"普通好老师"的"师理"与"师能"——教师既具备形于外的"术"，更要具备涵于内的"道"，做到"道术合一"；教有其思——幸福比优秀更重要——教师有了这样的教育观，就会努力去"做一个幸福而卓越的教师"；教专其业——教学人人能胜任，育人人人能出彩，工作人人有滋味——教师仅仅教书是不够的，还要会育人，更要"幸福地工作"。

幸福学生之境的"灵性生长"，包括：全而有特——让每一个孩子全面而富有个性地发展——学校不仅要培养全面发展的学生，还必须努力培养有特色的学生；玩而促思——配套开展了一系列常规校园活动以及实施了一整套评价改革措施——学校在着力激活学生学习兴趣的同时，加强学生思维能力的培育；少而好学——每天进步一点点——学校强调培养学生从小就成为"好学之人"；锲而不舍——要成为幸福学子，必须从小培养自尊之心，培育自律之格，增添自信之勇，形成自强之品——学校积极培养有恒心、有毅力、有坚持力、有专注力、有自制力、有抗挫力的学生；美而真善——以立德、健体、启智、尚美、求真为校训——注重培养学生在理智上求真、在意志上向善、在情感上爱美。

还有幸福环境、幸福家长……学校是幸福之地！

华泰实小，处处幸福，人人幸福，时时幸福，让我看到了"一所流淌着幸福的学校"。

王恭礼校长，用整个心去追幸福教育之梦，有梦的教育更精彩；有幸福教育之梦的追求，其行必远！

任　勇

2023 年 8 月 1 日

（任勇，厦门市教育局原副局长，特级教师，教育部校长国培专家）

自序　学会感恩，学会幸福

　　1993 年 7 月，我从福建省石狮鹏山师范普师毕业，很快便踏上工作岗位，被分配到晋江永和镇的一所农村小学当数学老师。那时候，这所小学只有 21 位教师，除了校长是年过半百的男教师，其余是女教师。

　　记得上岗报到那一天，老校长骑着一辆大自行车到镇上来接我。一路上，老校长亲切地和我聊天。聊的是什么现在大部分忘记了，但记忆深刻的是，老校长一直说，学校很需要一个年轻男老师，希望我能扎根学校，好好工作，不负众望。参加工作第一天，我便感受到一种特别的优待感。

　　就这样，我的教学生涯开始了。

　　20 世纪 90 年代初，我的学校所在的乡镇电力不足，学校时不时停电。当时学校组织四、五年级学生上晚自习，为了每个晚上的照明能确保孩子们开展自习，老校长筹款买了一台火力发电机放在学校楼梯房里，一遇到停电，学校就自己发"火电"。我很快成了学校的火力"发电工"。一停电，老校长就指示我手动发电。后来，学校只要一停电，不用老校长指令，我自然而然就会冲到发电机房"干活"。手动发电成了我的一项"特殊技能"。再后来，我成为这所学校的"抽水工""洗水塔工""通厕所工"……那时我没有任何抱怨，相反，工作特别愉快，教学逐渐出色，明显感受到学校的器重。

第一年，我教四年级数学兼当班主任。老校长也教四年级数学。他教甲班，我教乙班。老校长把我的办公桌安排在他的旁边。我一下子就明白他是想"收我为徒"的意思。那个时候的小学校长基本没有专用校长室，全校所有教师都在同一个大办公室里办公、备课与批改作业。老校长既管理学校，又任主科教学老师。当时学校几乎没有什么先进的电教设备，教学设施很简陋，无非是"教材＋教参""粉笔＋黑板"。但有一样东西，几乎是每个教师都有的，而且成为那个时代上课的必备工具，那就是"收卷式小黑板"。老校长也给我一块。老校长没有特意给我安排"师父"，但总会跟我说："今天你先听我的课，然后我再去听你的课，如何？"他带着那一块写满教学步骤的小黑板，用幽默的语言把他的课无私地向我公开。印象特别深刻的是，那一块小黑板在老校长的课堂里充满"神秘感"，孩子们十分好奇他的小黑板里写了什么，而老校长总是像"变魔术"一样，把明明十分枯燥的题目，弄得趣味十足。我听老校长的课，老校长听我的课，一来一去，日复一日，我在老校长的课堂里学了很多东西，特别是那个"小黑板功夫"，我学得很是娴熟。

后来，好多同事说，我的课堂教学风格有老校长教学的影子，甚至连语气、语调都很像。我才猛然发觉，老校长一直用心培养我，我们是没有签订协议的真正的"师徒结对"。

短短几年，在老校长的带动下，我打下了扎实的教学基本功，慢慢形成了自己的教学风格，得到学生的普遍喜爱，教学成绩突出，在镇级区域内有了一定的名气。

1997年7月，我们学校所属镇区进行全镇校长、教师大聘任，有几所特别薄弱的小学紧缺校长，我竟然被一所学校看中，被镇教委推荐成为年轻校长人选。事情来得十分突然，加上自己丝毫没有当校长的准备，所以当时的我如坐针毡、忐忑万分，很不愿意被聘任为校长，老校长更是一百个不愿意，舍不得我调离。老校长向镇教委的领导苦苦请求说，这个青年人工作是很出色，但太年轻了，就像一颗苹果很大但没有熟透就被硬摘下来，有点可惜，也很冒险。

不管我有多么不愿意，老校长有多么舍不得，镇政府最后还是下了红头任命文件。

踏上教学工作岗位才四年，我就被调离了第一所学校，去了另一所偏僻的农村小学当校长。离开那一天，老校长用那一辆破旧的大自行车载我上任。临走时，他深情地嘱咐我："当小学校长是很苦的，甚至会很委屈，你太年轻了，如果承受不了，就回来找我，学校还接受你，我们还一起研究怎么教数学……"那一天，我在老校长的背后流下了眼泪。

就这样，我匆匆地走上了小学校长的工作岗位。

我任校长的第一所学校是晋江市永和镇玉溪小学。我在这所学校一干就是十年。十年后，我被借调到晋江教育局初幼教科工作两年。紧接着我又被调到晋江第三实验小学任副校长两年半。之后，我到北京中关村第四小学挂职半年。挂职结束后回晋江，我调任晋江第二实验小学副校长。再后来，我调到晋江华泰实验小学，负责筹建学校，并担任首任校长。

踏上校长工作岗位以来，我一直怀着特别感恩的心对待每一位同事、每一位学生和每一位家长。一路走来，特别辛苦，但苦中有乐，乐中有趣，趣中有爱。我始终感觉当时老校长给我的"温暖"永远流淌在心中，它让我充满激情地去做一个校长，也一直让我充满勇气去做有温度的教育——看见幸福，走向幸福！

看见孩子：幸福感是教育的基石

为幸福而来的学校梦

2013 年元月，对于我来说，是校长工作岗位历练的又一个新起点。晋江市教育局党组任命我筹办一所全新的小学——晋江市华泰实验小学。

这是一所比较特殊的学校，位于晋江市华泰国际新城小区内，校舍由房地产开发商自己建设，晋江市教育局回购并负责开办。面对一所全新的甚至没有装修的学校，如何进行装修？如何进行校园布局？如何做好办学规划？如何设计校园文化？确立什么办学主张？树立何种培养目标？这些都不是一两句话，或者开一两次会议就能定下来的。

有人说，一所新学校就是一张"白纸""随便画都能成图"，我要说，那是站着说话不腰疼，哪有那么容易的事情！

办一所新学校，最重要的第一步应该是什么？那一定是确立"办学主张"。

在说华泰实验小学的办学主张之前，我想先讲讲大教育家亚历山大·萨瑟兰·尼尔的成长故事。尼尔是英国著名教育家，他主张把儿童从恐惧、顺从、被动、仇恨和鄙视里解放出来，让他完全自发地表现，以便发现他的爱好、愿望和素质，并发扬这些特征。

一位教育家的教育主张通常与其童年的生活经验有某种根源性的内在联系，或者是对美好童年的追逐与再现，或者是对痛苦童年的反思与超越。尼尔的办学主张与思想恰恰来自后者。尼尔出生在苏格兰的一个小村庄，他的家庭教育极其严格，尼尔生性怯懦、行动笨拙、身体软弱、孤僻固执，他的父母认为尼尔一无是处。而且尼尔的父母对他看管极严，不给他留半点"闲暇"时间，尼尔学习稍有松懈，便会遭到父母的严厉训斥和打骂。

尼尔父母的这种教育方式不仅没有产生他们理想中的教育效果，反而让尼尔更加怯懦孤僻。童年的尼尔如陷牢笼，不堪重负的他成了一个问题儿童，每天都在自卑与恐惧中度过。幸运的是，尼尔在 20 岁的时候考入了爱丁堡大学。爱丁堡素有"北方雅典"之称，是苏格兰的文化之乡。在这片人文气息浓郁的土地上，尼尔受伤的心灵逐渐得到抚慰，扭曲的人格慢慢得以舒展。大学毕业后，尼尔来到苏格兰的一座小城创办了一所学校并当校长。尼尔认为，孩子如何学习和怎样成长，不应以成人的方法和标准来决定，如果一个孩子没有受到成人的压迫和约束，他更能尽其所能发展自己，通过自己的努力取得成功的概率更高。在尼尔看来，成功就是能够按照自己的方式积极、快乐地生活着。

如果一个孩子适合当学者，他就会朝这个方向努力；如果他只适合当一名清洁工，他也能做一名快乐的清洁工。尼尔校长坚信，教出一个快乐的清洁工，远比培养出一个痛苦的学者好得多。尼尔校长的这所学校的孩子们每天都在轻松和快乐中成长，这里的孩子从不逃学，也很少哭泣。这所学校的孩子们都知道，他们的一切行为都会得到老师和家长的理解和赏识。

尼尔的这所学校就是后来被誉为"世界上最古老的儿童民主学校""最富人性化的快乐学校"的"夏山学校"。从这里走出来的每一个学子都能找到自己在社会上的位置，并且积极幸福地生活，从这里也走出了英国许多顶尖的社会精英。

尼尔的童年似乎也是我的童年，我的童年也是在痛苦之中度过的。读小学那几年的我，家族发生重大变故，就读小学的五个年头里我换过四所小学，有一段时间跟祖父生活，有一段时间跟姑母生活，最后又回到父母的身边。没有读过多少书的父母对我管教极其严格，他们无法辅导我的功课，采用更多的教育办法就是训斥与责问，甚至棍棒处置。由于我的学习成绩不稳定，教过我的老师对我没有很高的期望，以至于我自卑和胆怯，甚至有时还自暴自弃。五年的小学生涯，我没有体会到学习带来的自信，更谈不上享受学习的乐趣，每天都很恐惧很难过。初中三年，我不断努力，17 岁时考入中等师范学校，20 岁时成了一名小学教师。当上教师的那一天，我就暗暗下定决心，一定要当一名自信、勇敢、快乐的教师，培养自信、勇敢、快乐的学生，我要让我的学生信心满满、幸福快乐。那时候，我还有一个梦想，要是有一天能当上一所学校的校长，我一定要努力把学校办成自由、民主、向上、快乐、幸福的学校。

24 岁那一年，由于工作需要，我担任一所农村小学的校长。那时，刚当校长的我，没有任何经验，甚至没有校长岗位资格证，吃尽苦头，受尽煎熬。青年时立下的梦想，根本无法实现。

从开始接到筹办华泰实验小学的命令到办起这所学校，我便开始实现我的教育梦想之旅。我梦想着华泰实验小学十年后，或者几十年后，也能够成为像夏山学校那样的"幸福学校"："没有压制和太多的约束"，更多的是安静、自由、民主、平等、积极、向上、快乐、幸福……

学校全景

看见幸福——教育的积极力量

走近孩子，靠近幸福

来！来！来！来到小孩子的队伍里，发现你的小孩。你不能教导小孩，除非是发现了你的小孩。

来！来！来！来到小孩子的队伍里，了解你的小孩。你不能教导小孩，除非是了解了你的小孩。

来！来！来！来到小孩子的队伍里，解放你的小孩。你不能教导小孩，除非是解放了你的小孩。

来！来！来！来到小孩子的队伍里，信仰你的小孩。你不能教导小孩，除非是信仰了你的小孩。

来！来！来！来到小孩子的队伍里，变成一个小孩。你不能教导小孩，除非是变成了一个小孩。

这是陶行知写的《教师歌》。

2012年8月，第一次读到陶翁写的这首诗歌，我被震撼了。五节短短的诗歌，我反复诵读，顿感不安和内疚。我不禁反问自己：当了十多年小学校长的我，眼中有孩子吗？我做的一件件教育工作，有没有真正站在孩子的立场呢？

尤其是最近几年，我反复叩问自己：什么是以孩子为立场？怎样才能更好地站在孩子的立场做教育？

当前的教育可能无法改变孩子们所处的社会环境、家庭环境，但我们做教育的人可以竭尽全力保护孩子们心灵中巨大的、无可比拟的精神财富——"快乐和幸福"。也许我们无法改变孩子们的生命长度，但我们要努力增加他们的生命宽度、厚度和亮度。

现在，如果你让我简要地回答什么是"以孩子为立场"，我会通俗地说：以孩子为立场，就是我们教育人做的每一件事情，都要尽量地离孩子们近一点，再近一点，越近越好，并坚持不懈地做下来。

"孩子的立场"通常又被称为"儿童立场"。

孔子早在两千多年前就提出了"有教无类"的教育主张，这与当前教育界热议的"教育公平""教育机会均等""给每一个孩子提供适合的教育"有异曲同工之妙，也与现代儿童观相当吻合。现代儿童观强调孩子的主体地位，尊重孩子的天性。作为一名现代教育管理者，我深刻地认识到，21 世纪的教育强调人与人之间心灵的沟通、精神的相遇、生命的碰撞，是一种充满希望、理想和超越的教育。这样的教育要生根发芽，就要从孩子的立场来思考教育，走近孩子、了解孩子、尊重孩子、呵护孩子，既关注他们当下的幸福成长，又为他们将来的发展蓄力。

幼竹拔节，小树生长，每个孩子来到学校，都各有所需，他们中有的渴望兴趣得到激发，有的渴望习惯得到培养，有的渴望能力得到提升、个性得以张扬，有的渴望享受学习的快乐和成功的体验……一句话，儿童渴望在学校获得各方面的成长：成人、成才、成功……

陶行知先生《教师歌》的精髓，让我进一步明确，紧紧立足于孩子的立场，这才是我要做的"幸福教育"，即走近孩子，靠近幸福。

以孩子为立场的幸福教育，我倡导：学校是幸福之地，校长和老师是孩子生命中的福星，以仁爱之心、智慧之爱哺育孩子成长，帮助孩子提升生命的高度，享受幸福生活。幸福的核心是温暖的关系，做有温度的教育是幸福教育的基础。教育之道，即幸福之道。如果让我简要地回答什么是以孩子为立场的幸福教育，我会这样说：时时以孩子的立场去办幸福的学校，当幸福的校长，做幸福的老师，培育幸福的学生。

教育是人与人之间幸福的滋养

　　教育家乌申斯基说："教育的最主要目的在于使学生获得幸福，不能为任何不相干的利益而牺牲这种幸福，这一点是毋庸置疑的。"我特别认同这样的教育观。学校教育要使学生幸福，这是一所学校的天然使命和核心价值。

　　早在 2010 年 7 月，我们国家颁布的《国家中长期教育改革和发展规划纲要（2010—2020 年）》就明确指出，教育改革就是要为人民更幸福而提供适合的教育服务。实现人民幸福的教育本身是多样的而非单一的，社会对人才的需要也是多样的，必须把教育办到各尽所能、各学所需、各教所知、各扬其长，才能实现每个个体的幸福。

　　2012 年 6 月 28 日，第 66 届世界联合国大会宣布，追求幸福是人的一项基本目标，幸福和福祉是全世界人类生活的普遍目标和期望。此次大会决议将今后每年的 3 月 20 日定为"国际幸福日"，这充分体现了全世界人民追求幸福生活的强烈愿望。

　　21 世纪，世界经济学领域的"幸福指数"和国内生产总值被广泛纳入各国政府评估体系。美国哥伦比亚大学地球研究所发布的《2013全球幸福指数报告》多项数据显示，在156个调查国家里中国列第93位。"幸福"作为一个时代的标志，一种文明发展的形态，在当今社会纳入上层建筑。

我还深刻记得，当时教育部多份文件指出，要推动学校特色发展，提升学校教育品质，让师生幸福发展、快乐成长。这是面向2020年乃至更远的未来学校品质提升的新方向，也是我们国家教育行政部门首次正式提出这一重要的时代命题。提出这一命题不是偶然的，它充分说明"幸福"是国家的教育品质总要求。

我的学校华泰实验小学所在的城区——中国品牌之都晋江，是全国投资潜力百强县市，国内生产总值（GDP）在全国百强县市中位居前五，晋江还是全国工业强市，也是全国首批国家级文明城市。近几年来，晋江这座城市正在积极创建"休闲生态名城、数字化创新城、幸福宜居城市"。因此，我认为，晋江基础教育应该从"快速追求局部分数"走向"全面追求育人水平"，努力让晋江教育生态更健康，让晋江师生生活更幸福。

同时，我们已处在一个信息高速发展的时代，晋江教育应该培养的是"创新精神、敢于质疑、勇于挑战、善于合作、富有个性"的人，这样的人，更能面向未来，更能拥有幸福。

所以，我的教育主张与办学思想的价值追求最终都落到"幸福"这一核心价值上，它是教育的终极目标。教育应使人"幸福"一生：幸福童年、幸福青年、幸福中年、幸福老年。每个人要拥有"幸福"的一生，自然需要"幸福教育"。这几年，我走访了省内外许多名优校，聆听了不少校长的办学报告，学习到许多学校的办学主张，比如"适才教育""适合教育""和美教育""三声教育""兰质教育""仁智教育""诗意教育""差异教育"等。有的学校做得很好，办学主张落地开花，师生在办学主张的影响下快乐成长、有序发展。但我也发现，有些学校的办学主张比较牵强，表面看起来挺"新颖"，实际操作起来有点"生搬硬套"。特别是有的办学主张落到践行层面上往往脱离现实，造成师生工作与学习上的"负担"，有点为了"主张"而"主张"。一个学校的办学主张，如果不能让师生幸福，那就是没有价值的"折腾"。

事实上，国内有很多学校早就提炼并践行"幸福教育"，有的在20世纪90年代就已提出"幸福教育"。百度上可搜索到从2010至2020年，"全国幸福教育联盟"就有近百个，实验学校有上千所，有的在践行中也取得丰硕的成果。

比如，福建省三明学院附属小学践行"福泽教育"，取得很好的成效，我能深切体会到这所学校师生的幸福感。该校林启福校长认为，"福泽"为福之大泽，这是对学校和师生教育教学关系的一种生动描述：学校是一条注满幸福之水的长河，老师是一条水源丰沛的幸福小河；在学校和老师的浸润之下，孩子们未来有机会成为无数条幸福的小河；"福泽"，以学校和老师之"福"来润泽孩子、润泽他人；孩子们终有一天也能以自身之福来润泽他人、润泽社会；教育，就是人与人之间幸福的滋润，而且是立体交互的"润泽"。

细品这所学校的办学主张，我深受启发。

十分幸运的是，2013年元月，晋江市教育局党组任命我筹办一所全新的小学——华泰实验小学。一直没有忘记的是，当时教育局党组领导跟我谈话，我就明确向组织和领导表态，一定要充分发挥多年的小学校长岗位历练所得，好好地用科学的办学主张来办好这所学校。

更幸运的是，三年后的 2016 年 9 月，我被福建省教育厅确定为福建省"十三五"中小学名校长培养人选。2017 年 6 月，福建省"十三五"中小学名校长培养工程在福建龙岩古田正式启动，教育厅明确提出此批中小学名校长培养工程的愿景就是"凝练办学思想，创新教育实践"。"凝练办学思想和办学主张"成为我们这些中小学名校长培养人选在培养结束时必须交的"一张答卷"，这与我任晋江市华泰实验小学校长最想做的事情"不谋而合"。我认为这是"上天赐福"，给我一个实现人生夙愿的机会，无论如何，我都要特别特别地珍惜。

六年奠定幸福人生

古往今来，人类对"幸福"的向往与追求始终没有停止过。

在古代，"福"乃"福、禄、寿、喜、财、吉"六大吉祥之首。"福"又分为"五福"，《尚书·洪范》有言："五福：一曰寿，二曰富，三曰康宁，四曰攸好德，五曰考终命。"这样的表述把福的形式和内容具体化了。

《说文解字》说："福，祐也。"后引申为"福气、幸福"。"幸福"在古文中，二字连用，谓"祈望得福"。"幸福"在《现代汉语词典》里解释为："使人心情舒畅的境遇和生活"。

"幸福"是一个渴望的过程，它是一种思想、理念、目标，更是一种愿景。

我认为，如果把"幸福教育"作为一种办学主张、办学理念，甚至提升为办学思想，是基于教育现实的理想追求和实践表达，是普惠的，是公平的，也是科学的。

2013 年 6 月，也就是晋江市华泰实验小学正式开办的三个月前，我内心就已经坚定了这所学校的办学主张了，这个主张就是"办幸福学校，做幸福教育，成就幸福师生"。当我在学校筹建组（教育局抽调的四人小组）中第一次提出这个主张的时候，其他三位老师都不约而同地说"高度赞同"。而做"幸福教育"的第一步，便是为这所学校确立一个"办学愿景"。经过反复斟酌，我把这个愿景命名为"六年奠定幸福人生"。此话怎么来的呢？大部分人都知道，我国基础教育中的小学教育有两个最基本的任务要完成，第一个任务是夯实孩子们的"双基"（即基本知识和基本技能），第二个任务是培养孩子们的良好习惯。事实上，基础教育中的小学教育还有第三个任务，而且这个任务特别重要，它就是"为孩子们的未来人生幸福奠基"。小学教育是一个人成长和发展的奠基工程，奠基什么？奠基人生的幸福。而这个任务是许多校长和学校没有做好的，有的甚至根本没有去做。我想做到，我想让华泰学子们在这所学校的六年里奠基这种"基因"，这是学校的使命，也是我这个小学校长的使命。"六年奠定幸福人生"既是学校的共同愿景，也是学校的办学目标。当时确立这一句话时，我还没有了解到重庆谢家湾小学刘希娅校长和她的"六年影响一生"的办学思想，也还没有聆听到林启福校长关于"福泽教育"的专题讲座。就是了解到了，我依然会认定这句话，因为追求幸福是人受教育的终极目标，它体现了教育教学的永恒价值。

当然，"六年奠定幸福人生"是一句宏观的话，一不小心就会变成一句"空话"，所以当时提炼这一句话的时候，我自己是有点担心的。经过反复思考，我大胆写信给中国教育学会名誉会长顾明远老先生，请顾老先生指点。

尊敬的顾明远会长：

您好！

我是福建晋江的王恭礼校长，可能您对我已经没有印象了，但我对您的印象却非常深刻，永远不会忘记。我是去年3月份在北京中关村第四小学和您相识的，当时我正在第四小学蹲点挂职，跟随刘可钦校长学习。那一天，您来参加可钦校长的办学思想报告会。您精彩的指导发言我一句不漏地记下来，深受启发。当天晚上，我还写下了很长的教育反思日记。那一天，您让我记下您在北京的办公通信地址，还特别亲切地告诉我，有什么教育问题，可以书信交流。您的和蔼可亲，让我特别感动。

顾先生，我从北京回来不久，就被晋江市教育局任命筹建一所新的小学，还被任命为这所学校的校长，学校命名为"晋江市华泰实验小学"。我想为这所即将开办的学校确立一个办学愿景"六年奠定幸福人生"。之所以想确立这样的办学愿景，是因为我认为小学教育的基本任务有三个：一是夯实孩子们的基本知识和基本技能，二是培养孩子们的良好习惯，三是为孩子们的未来人生幸福奠基。愿景的确立主要源自第三个任务，但我又担心这样的愿景比较宽泛，所以一直拿不定主意。今天鼓起勇气，大胆给您写信，想听听您的意见，望能得到您的指点。

谢谢！

祝您身体健康，工作顺利！

王恭礼

2013 年 6 月 13 日

看见幸福——教育的积极力量

没想到顾老很快回复。顾老说我们的办学愿景提得很好，很正确，好好办学，努力兑现这样的愿景。值得一说的是，顾明远老先生还欣然动笔为华泰实验小学题写了"六年奠定幸福人生"这六个字，同时还为我们题写了校名。得到顾老先生的肯定，我信心百倍，办学勇气十足。

顾明远题词

2013年9月9日，华泰实验小学正式开办，当时只有学校共同愿景这一句话伴随着首批师生开学。开办典礼上，许多老师、家长和领导赞许"六年奠定幸福人生"的办学愿景！

让教育带着幸福前行

办学主张是校长在办学实践活动中的"办学经验或办学思考",是校长在办学实践活动中形成和积累的行之有效的"招数、做法、策略、特点与亮点"。基于这样的理解,我采用"边办学边思考,边思考边探索,边探索边实践,边实践边总结"的凝练方式不断完善办学主张。办学主张凝练的整个过程跨越十年左右,这个过程也是华泰实验小学的办学历程——让教育带着"幸福"前行。

这里,我要特别讲一件事。

华泰实验小学开办前,针对"幸福教育"的内涵,我提出"六年奠定幸福人生"为学校共同愿景,这一句话比较宏观。于是,开办第二年,我组织老师们讨论并确定了学校办学的第二句话——"让每一个孩子全面而富有个性地发展",这句话是实现办学共同愿景的具体目标,也可以说是对孩子们的一种承诺。当然,这同样是一句"大话",但"全面发展"那时已经是国家教育方针的表达了,我只是进行有效补充。我在"全面发展"里,加了一个词"个性",这可以理解为"个性自由"或者是"自由个性"，这也是国家人才培养的最终目的与要求。我将这一句话定位为学校育人目标，主要是让它和"六年奠定幸福人生"办学目标相呼应。为了确定这一句话，我们还专门到南京拜访了教育部原副部长、原国家总督学王湛同志。王湛同志很热情地接见了我们，并和学校领导班子进行了长达两个小时的座谈。听了我的办学思路汇报后，他勉励我们领导班子要用心办学，坚持不懈地为孩子们做几件事，义无反顾地做好学校课程建设，积极推动课堂改革。最后，他还动笔题写了我校的育人目标"让每一个孩子全面而富有个性地发展"送给我们。

王湛题词

后来，我还与华泰实验小学第一批招聘的老师共同交流研究，定下了我们办学的第三句话——"每天进步一点点"，这是一句许多学校甚至是不少幼儿园都用过的老话。再提这一句话，我是出于这样的想法：一个小学生如果能每天进步一点点，六年以后是不得了的，全面发展是有可能的，富有个性是有希望的。"每天进步一点点"就不是一句"大话"了，而是一句实实在在的行动用语。我把"每天进步一点点"这一句话写在每一间教室前面黑板的上方，意图很简单，就是要让孩子们每天看着这句话并反问自己："我每天有没有进步一点点？"每天有所进步，长大后就能成为有用之人，为祖国发展贡献力量。现在，这句话成了华泰师者和家长们鼓励和鞭策华泰学子最有效的一句话。

　　"每天进步一点点"是给华泰学子们的话，我紧接着也为华泰师者们配套了一句话："因为有爱，每一句话都要好好说。"我认为，这句话是我校构建新型师生关系的一个原则，也是做一个好老师的重要准则。一个老师如果心中没有"爱"，她是干不好这一份工作的。一个心中有"爱"的老师，往往一句话就能影响孩子们一辈子。就像苏霍姆林斯基说的："教师的语言是一种什么也替代不了的影响学生心灵的工具。"教师的语言就好比是教师一手拿着凿子，一手拿着锤子，是把学生不好的东西凿掉，让他越来越好，还是狠狠地把学生内心凿伤，就看教师的每一句话怎么说了。有的学生一辈子都记恨老师，就是因为老师说了太过分的话，说了伤人一辈子的话。我们把苏霍姆林斯基的话写在每一间教室的后墙壁上，旨在让老师时时对照，越做越好。

　　2015年秋季，学校办学第三年，我组织全体老师一起提炼了华泰实验小学的幸福师生关系：爱生尊师，以爱育爱，以心换心，共同成长。我们想在这所新学校里构建起一种有爱、平等、共育、共生的师生关系。一所学校要努力架构有温度的幸福师生关系，这是学校的"软文化"。我认为，没有老师的快乐和幸福，就没有学生的快乐和幸福；不能构建良好的师生关系，也不可能造就幸福的师生。幸福的核心是温暖的关系，温暖的师生关系如同幸福教育的血液，在师生之间流淌。

确立了学校办学目标，确定了学校育人目标，有了分别给学生和教师的寄语，还提炼出幸福师生关系 16 个字，华泰实验小学的"幸福教育"办学主张就有了"精神核心"。苏霍姆林斯基说："学校必须是一个精神王国，而只有当学校出现了一个精神的王国的时候，学校才能称其为学校。"华泰实验小学的"精神王国"就是"幸福"。

有了这个精神核心，我开始琢磨构建"幸福教育"的体系框架。

我喜欢和老师们一起凝练办学主张，因为这样才能更快地让办学主张深入人心，较快地化为师生的行动。2015 年秋季，我们开始举行"大讨论"活动，我邀请全校教师、家长代表、学生代表以及部分教育专家，一起讨论"一训三风"和"三个发展目标"。经过整整一个月的推敲，我们定下学校"幸福教育"的体系架构：

办学使命：为孩子们的未来人生幸福奠基。

办学目标（办学愿景）：六年奠定幸福人生。

育人目标：让每一个孩子全面而富有个性地发展。

校训：立德、健体、启智、尚美、求真。

（校训来源于《周礼》里的"六艺"，即"礼、乐、射、御、书、数", 这也是对毛泽东主席提出的"德智体", 以及"德智体美劳"的校本化诠释, 蕴含着传承、丰富与发展的自我训导。)

校风: 幸福自立、幸福民主、幸福乐观、幸福向上。

教风: 尽心、尽责、尽善、尽美。

("尽心和尽责"是华泰师者对教师职业幸福的要求, "尽善与尽美"是华泰师者对教育事业幸福的追求。)

学风: 自尊、自律、自信、自强。

(华泰学子要成为幸福学子, 必须从小培养自尊之心, 培育自律之格, 增添自信之勇, 形成自强之品。)

华泰实验小学的校风、教风、学风, 在文字上没有什么高深莫测, 它们浅显易懂、直截了当, 容易入心入脑, 能够快速形成实实在在的风气。

接下来说说我们制定的三大发展目标。

一是学校发展目标。全面构建幸福课程建设体系, 培育师生多样素养; 积极建构幸福课堂模式, 成就幸福师生; 使学校拥有浓郁的校园文化、优质的教育教学、鲜明的办学特色、幸福的师生成长环境, 成为在区域内享有较高认可度和美誉度的优质学校, 真正成为家门口孩子们喜欢的幸福校园。

二是教师发展目标。精心探索幸福教师发展的路径, 用心搭建教师成长的平台, 通过开展不同层次不同形式的教师能力提升活动, 打造一支"师德高尚、理念先进、业务过硬, 有大局意识、有乐观精神、有合群态度、有名师梦想、有理想担当"的师资队伍。

三是学生发展目标。使学生在"德的养成、智的开启、体的锤炼、美的熏陶、劳的创意"等方面扎实提升，从而实现"让每一个孩子全面而富有个性地发展"。

瞄准学校办学目标和育人目标，以及确定了学校三大发展目标和"一训三风"后，"办幸福学校，做幸福教育，为华泰学子的未来人生幸福奠基"的华泰办学主张就越发清晰且丰富了——围绕"办学目标和育人目标"，循序渐进地推进"幸福环境文化创设、幸福管理文化营造、幸福课程建设、幸福教师打造、幸福课堂构建、幸福学生培育、幸福家长培养"等方面的工作。

附

让每一个孩子全面而富有个性地发展

——华泰实验小学校级领导与教育部原副部长王湛的对话节选

2014 年 8 月 20 日，教育部原副部长王湛同志在江苏南京接见了华泰实验小学三位校级干部。参加接见的还有晋江市原教委主任、华泰实验小学发展促进会秘书长邱奕谈先生。在接见对话中，华泰实验小学提出的办学愿景与相关办学理念得到了王湛同志的肯定，他还对华泰实验小学今后的办学发展提出许多有建设性的意见。

邱奕谈（以下简称邱）：王副部长，您好！我们晋江这几年，经济建设一直不断快速向前发展，教育也有了很大的进步。晋江教育原来是比较落后的，现在不一样了，去年晋江小学生数有 17

万多，将近 18 万，今年秋季可能会突破 18 万。如果中小学合起来，全市学生数将达 30 万人。这些学生里面，特别是小学生中，65% 是外来务工人员的子女。这几年，晋江政府对教育的投入不断增加，全市中小学办学条件有了很大改善。当年我任市教委主任时，全市财政拨给教育的经费是 8950 万，现在每年财政用在教育上的经费达 20 个亿，社会捐赠及华侨捐资还不算在内。晋江教育现在比较突出的一个特点就是能妥善地解决外来务工人员子女的入学问题，这些人被称为"新晋江人"。目前，除考虑怎样扩大教育的规模和容量来满足孩子们读书的问题以外，怎样提高学校的管理水平和教育质量也是我们十分重视的问题。比如，晋江市华泰实验小学是建设在一个小区里的学校，我本人就住在这个小区里。为了这个学校的创办，我们与开发商进行了多次谈判。开发商最早是要配套成民办学校的，但业主们希望能办成公办学校，我们也认为这所学校是小区业主的，必须无条件地配套公办学校。我们的努力得到了晋江市委、市政府的高度重视，最后在政府的支持下这所学校办成了公办小学。这所学校虽然只办学一年，但是很快得到广大业主的认可。如今，学校刚起步，如何稳步发展，定什么办学方向，很值得探讨，所以今天我带华泰实验小学的几个校级干部特地来请教您。您在全国是德高望重的教育官员、教育专家，希望您能给我们指点迷津，谢谢！

王恭礼（以下简称礼）：王副部长，您好！很荣幸能够得到您的接见。晋江市教育局 2013 年元月派我们三位老师一起筹建华泰实验小学。这所学校的主体建筑是所在小区开发商早就建好的，所以经过半年我们就完成了开办前期的各种工作。2013 年 9 月，我们的学校顺利开办。开办前，我们除了考虑办学的硬件建设问题，还一直在思考办学的内涵问题，比如什么样的学校才是好的学校，我们应该办怎样的学校，教育应该怎样才是幸福的，校园应该是孩子们快乐的校园，我们要办一所幸福的学校等问题。这所学校所在的小区业主对学校的期望值特别高，业主们对优质教育十分期盼。什么是好学校，我们一而再再而三地讨论和推敲。经过反复讨论，我们于2013年6月份确定了学校的办学愿景"六年奠定幸福人生"。我们认为，小学教育的基本任务应当有三个，一是让孩子们夯实双基学习，二是培养孩子们良好的习惯，三是为他们的人生幸福奠基。基于第三个任务，我们定下了上面说的办学愿景——六年奠基幸福人生。

我觉得人的终极奋斗目标就是追求人生幸福，如果没有对幸福的追求，人生便失去意义，所以我们想努力办一所幸福的学校，做幸福的教育。办学这一年来，我们尝试了很多改革措施，比如在学生减负方面，我们取消了平时单元考试，淡化了期中考试，在全体老师的努力下，我们开发了创意游园期中考试，除了考学科知识，还把生活常识纳入考试范畴，让孩子们在游园中进行闯关考试。这一年，我们只进行了两次纸质期末考试，这样的举措孩子们很是喜欢。但这种改革，让许多家长很担心，他们害怕孩子们没有平时和期中纸质考试，期末成绩会下降，甚至考试能力会被削弱。办学一年来，我们设计了许多课程让孩子的智力、思想、德育得到发展，这也是我们一直想做的事情。还有，就是我们学校的办学目标还迟迟没有确定下来，校训也还没有定调，因为我们还一直在思考，什么样的办学理念，什么样的办学目标，什么样的校训才符合我们对一所幸福校园的追求。今天，我们十分幸运，能够得到您的接见，请您给我们指点指点，我们这所新的学校要朝什么样的方向去发展，才能够更好地培养出幸福的孩子，才能够让老师们体会到教育的幸福感和成功感。希望您多多指教，谢谢！

邱：我再向您汇报一个问题，我们晋江这几年新创办了好多实验小学，最早我们晋江只有一所实验小学，取名"晋江市实验小学"，已经有100多年历史了，后来办的第二所实验小学也有20年了，最近几年第三、第四、第五、第十实验小学也办起来了，接下去第六、第七、第八、第九实验小学也将会开办。而我们这所华泰实验小学，直接用小区名字命名，取名为"晋江市华泰实验小学"，也是市直属实验小学。还有，晋江其实是多元化办教育的，除了政府办教育，社会与华侨参与办学的力量比较大，比如我们很多学校成立了自己的学校董事会，特别是那些主要靠社会与华侨出资办学的学校。我们华泰实验小学没有成立学校董事会，而是成立教育发展促进会，这样的学校配套机构在晋江实属首例，我们是想让更多的人来出谋献策，有钱出钱、有力出力，共同促进教育的发展。

王湛（以下简称王）：现在你们学校学生有多少，教师有多少？一个班级学生规模是多少？

礼：今年是开办的第二年，学生645人，教师34人，每班不超过50人。

王：你们现在的办学经费是教育局全额拨款吗？拨款的数目是以学生的人数拨款还是以什么标准？

　　　　　　　　　　　　看见幸福——教育的积极力量

礼：经费是教育局全额拨款的，按学生的人数拨款，一个学生大约是 700 元。

王：这个经费是公共经费还是什么？学校还有其他经费来源吗？

礼：这个就是学校的公共经费，还有其他一些资金，但不是每所学校都会有的，比如我们学校的一些设备就是社会捐助的，也有个别教学用品是当地企业捐助的。

王：你们的教师工资年收入是什么水平？

礼：年均收入 6 万元左右，像我工作 20 年了，大概就是 8 万，新老师可能就 5 万出头，全部教师平均约 6.5 万。

王：你们去年招进了多少位新老师？教师来源是怎么样的？

礼：我们第一年公开招聘 23 位教师，第二年增加到 34 位。教师通过公开招聘，一种是面向在职教师公开考试，一种是大学生毕业时参加招考。

王：教师的住房问题怎么解决？像刚毕业的新教师住房有没有办法得到解决？

邱：现在商品房都市场化了，没有专门为教师解决住房问题。

王：晋江是不是有严格的就近入学政策？有没有划分区域？

礼：基本上是这样的，有明显的区域划分。

王：刚开办学校的这一年里感觉怎么样？有什么比较精彩或者是困惑的地方？

礼：最精彩的地方就是我们顶住了社会的各种压力，竭尽全力减少了孩子们的课业负担。如考试改革这一方面，就整个晋江地域来说，我们学校是先开始试行的，把平时考试与期中考试淡化了。还有我们很重视孩子们的阅读和体育锻炼。应该说这三个方面是我们做得比较精彩的地方。而我们最大的困惑就是，许多家长担心照这样做下去，孩子们的学习成绩会变差，社会也评价不一，有的赞成，有的不赞成，我们觉得左右为难。

作业量也是我们开办这一年来，一直在严格控制的一个问题。新办校我们抓得很严，比如，一二年级该没有作业就没有作业，这点我们控制得蛮好的。家长对这一方面有不少担忧，担心没有作业，孩子们新学的知识不能很好地得到巩固。但是也有很多人赞成。

王：那你们学校的办学理念，学校教师认同吗？

礼：比较认同，我现在还在不断地修改和听取老师们的意见，比如我们初拟定的校训是立德、健体、启智、尚美、求真，这是今年暑假我们定的框架，但是我们还在等待老师们的讨论与通过。首先是立德为先，大家很赞同把立德放在第一位；我想把健体放在启智的前面，因为我认为没有健康，其他方面再好也没有用，先保证身体健康，然后启发智育，再追求艺术美感；此外，培养劳动的能力和科学创造的精神也十分重要。不知道我们提出这样的校训，您赞成吗？或者您有什么建议？

王：一个国家的基础教育是十分重要的，你们福建有独特的侨乡优势，自己有能力搞好基础教育，接下来就要进一步提高基础教育的质量。什么是教育质量呢？这是一个很重要的问题，影响教育质量的因素有很多，考试成绩只能说是教育质量的一个范畴，名校名师是实施素质教育的关键，让学生全面发展是学校质量管理最关键的一个环节。过去我们国家各个地方的工作重点是解决盖房子还有解决吃饭这两个问题。现有这两个问题基本解决了，那就要解决最重要的问题了，这个问题就是教育。比如，你们晋江这个城市来了这么多外来人口，新来的人口已经超过原户籍人口的数量，但是这一部分人他们也是我们城市的建设者，他们的孩子是未来的"新晋江人"。如果从这个角度来看问题，大家都是一家人，所以我们的地方政府就要在校园里重建一片蓝天，一片属于外来工子女入学的蓝天。学校教育要让人民满意，教师要让学生及家长满意。人家如果不满意这所学校，就证明这所学校办得不好。一个校长，如果有一半的教师对你不满意，心里对你不服气，那么这个校长就没有凝聚力和号召力。学校周边的家长对这所学校不看好，那么这所学校肯定就是不太好，这是很实在的。

前阶段就学校办学内涵发展提升这个问题，教育部组织各类专家在北京开会，如高中课程改革标准重新修订，我们集合了北大、清华的相关专家，还邀请了各个师范大学和一线学校的部分特级教师，以及邀请了部分省市的教委主任来参与讨论交流。比如数学学科，它到底对孩子们的一生有什么影响？又比如语文学科能给孩子的人生幸福作何铺垫？这些都应该是我们教育要重点考虑的问题。假如我们以知识教育为重心，教学就要充分考虑知识的体系，比如高中我们的代数要从什么地方讲起，几何又从什么地方讲起，然后解析几何、函数又该怎么讲，怎样才能构建一个数学的核心素养体系。我们把数学教给学生，应该把重点放在培养学生的思维上，孩子们的思维能力、辩证能力得到发展才是关键。又如，语文要培养学生的审美观念，学生的语言才能优美。语文过去是一门工具学科，语言的工具，但现在就不止是这样了，它应该是一种重要的核心素养，现在每个学科都应该有自己的学科核心素养。每个学科都要考虑怎样促进孩子们的全面发展。过去，我们以知识体系为中心，作为一名教师，尤其是到了中学，我们思考的方向是如何把我们这个知识体系教给学生，现在不一样了，现在主要考虑的应该是如何育人。我们国家在教育发展规划纲要里面讲的新任务就是要如何育人，以人为本。你们华泰实验小学现在的举措很好，以人为本，这是符合教育新发展的理念，这就是我们现在要特别重视的教育质量观。质量观的核心就是教育的功能和教育的追求。现在教育界有一个口号叫作"回归教育本质，回到教育的原点"。我们过去做了很多事情，做了很多努力，都很辛苦。现在教育要回归教育的本质。你们提出教育本身就是要让孩子们全面而富有个性地发展，我特别赞同，也很欣慰。教育本身就是让孩子能够全面而富有个性地发展，这是很重要的教育目标，不光全面而且要富有个性，因为每一个孩子都是不一样的，孩子们的个性可能在幼儿园时还不一定明显，慢慢地到小学就能显现出来。到了中学大家加以培养和引导，孩子就能成为不一样的人。

另外，什么叫幸福呢？每个人对幸福的感受是不一样的，每个人获得幸福的途径也是不一样的，这是人的不同个性所在。因此，我们学校要想办得好，就是要让孩子们全面而有个性地发展。当然，这个不能虚构，它应该有实际的框架，最核心的首先是建立自己的课程体系，从课程出发。学校要让学生全面而富有个性化地发展，一定要通过课程来实现。在学校里最核心的东西就是课程。课程按国家的规定有国家课程、地方课程和校本课程，王校长，请问你们的校本课程有没有开设？

看见幸福——教育的积极力量

礼：我们目前正在构建当中。

王：我们首先要充分理解各项课程开设的意义，保证各项课程有序地开展。像语文、数学，每一门课程都要有一个目标。比如我们上语文课，不是把课文讲完了就是上语文课，教语文最重要的是让孩子们学会学习，学会生活。所以就要定位语文课怎么为学生的学习做好起步，教师要很自觉地去设计和去实施。还有，千万不要让教学理念变成口号，举个例子，中央党校的门口写着"实事求是"，如果中央党校培养的都是不实在的干部，那么能让我们的人民满意吗？学校也是一样，每一个老师都要认真上好每一节课，校长的理念也必须变成教师的行动理念。要让孩子全面而富有个性地发展，我们也要融入思想教育。比如语文，教师这一堂课上下来对孩子有什么启发与启迪才是重要的，而不是讲的所有知识完全取决于课文，这就需要全面理解和建设一个创造性的课程。又比如体育，它也是一门重要的课程，体育这门课程的功能，不光是让孩子锻炼起来，让身体健壮，还要能培养团队精神，我们不光要运动、肌肉发达，我们不光要会打篮球、游泳，还要有合作意识、有团队精神。还有，体育本身就是一种进取向上的精神。我记得，你们晋江有一个镇叫英林镇，是全国排球之乡，一直在搞排球，可以看出群众对排球的热爱。排球教育也能培养人们对家乡的热爱。所以对基层群众的那种积极进取的高尚情操也要大力宣传。市民热爱运动，才能生活得更健康。还有，我们要好好培养孩子们热爱生命、善于学习的品质。

一个好校长一定要具备课程领导力。泉州作为全国著名侨乡、海上丝绸之路的起点，全国四面八方的人来这里打工和生活。在语文教学中插入一些泉州乡土文化，开展一些宣传泉州的活动，培养孩子们开放的和包容的思想，应该是你们课程建设的核心，这个你们要努力去挖掘。

最后，我想说一说教师队伍建设这个方面的问题。我认为一个好校长，要善于抓教师的发展。现在全国有许多很有名的小学，我虽然没有一一去过，但是这些小学中有很多很有名的老师我都知道，比如南京有个斯霞，江苏有个薛法根。这次获得基础教育国家级教学成果特等奖的一个人值得一说，他是北京十一学校的校长李希贵。他主要是做课程改革的，我们组织一些专家去调研，他的学校全部实行走班制，每个学生一张课表，孩子们可以自由选择自己喜欢的课程，选择自己喜欢的老师。以上这些老师和校长都是通过学校培养出来的。对于优秀的教师，学校要量身定制优秀的培养计划。学校的钱不要全部用来盖房子，要留一些用在教师的发展上，给教师制订培养计划。人生只要做一件大事就足矣，做一个好校长就是在干一件大事。我们国家有一个叫杨瑞清的同志，他是师范毕业生，县里的书记他不去当，他偏偏到一所农村小学去当校长。2001年我们选了很多教师到人民大会堂作报告，其中就有他。做一个好校长就是为国家作贡献，这是多么有用的事，也是十分有意义的事。

希望王校长好好干，好好培养你们学校的老师，让大家都安心、安静地做好教育工作，好好把这一份工作做好，这是在做功德，也只有教师才能称得上在做功德。

礼：谢谢您！

邱：希望您有时间再一次去晋江走走，给我们晋江的教育作指导。谢谢！

（以上对话经王湛同意，发表在此。）

幸福人生在这里起航

中国教育学会名誉会长顾明远说:"让教师们享受教育的幸福,让孩子们体验幸福的教育,才是好的教育,才是好的学校,所有的学校都要有这样的目标追求。"

华泰实验小学第一个五年发展规划——"夯实课程建设,提升学生素质",正是追求这样的理念。"做实基础型课程,做精拓展型课程,做活体验型课程"和谐共进的"三位一体幸福课程体系",无论是关注精神生命塑造的学科基础型课程,关注自然生命开琢的学科拓展型课程,还是关注社会生命构建的体验型课程,都把能力素质的生成与获得作为重点。其中"一手硬笔好字、一项运动技能、一个阅读习惯、一门艺术爱好、一种探究精神"五门拓展型课程开设呈现出这样的课程建设隐性成果:注重全体华泰学子的"普遍性"发展,而不是仅仅关注少数"精英"发展;注重华泰学子的"个性突出"发展,而不是"模式化"发展;注重华泰学子的终身可持续发展,而不是仅仅关注某一阶段的发展;注重个人和社会的和谐发展,而不是仅仅关注个人的发展。而最可喜的课程建设显性成果就是:许多华泰学子多才多艺、自信满满，有成就感、获得感、幸福感；许多华泰师者一专多能，教育教学生活有滋有味，教学水平不断提高。

华泰实验小学第二个五年发展规划——"开展深度学习研究，构建幸福课堂，成就幸福师生"，更是直接落实立德树人根本任务。

基于深度学习的幸福课堂构建，不仅从以教为中心转向以学为中心，而且重视孩子们学习的效率。它转向深度学习，转向培养孩子们的高阶思维。

从成立深度学习工作坊到申请课题研究获省级立项，从个别班级开展实验到多个班级一起推动实施，从个别种子教师实践到覆盖全体教师，从语数两门学科尝试开展到全部学科积极推行，从全体学生到全部学科，基于深度学习的幸福课堂构建慢慢有了崭新的样态。

在基于深度学习的幸福课堂里，华泰学子们能较好地享受多个维度的自由，他们的心灵是自由的，思想是自由的，表达是自由的，师生情知互动、情知交融。在跳脱了浅层次学习的课堂上，我们惊喜地发现，每名独一无二的华泰学子都能呈现出自己独特的生长姿势，他们在课堂中是幸福的，是快乐的。华泰师者在"基于深度学习的幸福课堂构建"实践研究中，教学风格实现蜕变，驾驭课堂更加得心应手，工作变得轻松快乐，幸福感不断提升。

为了让华泰学子在"品格形成、人文底蕴、体质锤炼、艺术熏陶、劳动创意、健康生活、科学精神"等核心素养方面得到精心培养，我校除了通过夯实幸福课程建设与积极推动幸福课堂构建，还配套开展了一系列常规校园活动以及实施了一整套评价改革。

一是让华泰学子全员有权利参加各种"幸福校园月"活动。学校根据华泰学子的年龄特点，精心推出了丰富多彩的校园节日活动，如1月书法节、3月雷锋节、4月阅读节、5月艺术节或陶笛节、6月谜语节和游戏节、10月体育节或跳绳节、11月数学节、12月科技节或英语节。其中，书法节、雷锋节、阅读节、数学节、跳绳节、谜语节、游戏节、陶笛节每年举行一次，华泰学子人人都可以参加；体育节、艺术节、科技节、英语节的举行是每两年一循环，华泰学子全员都可以参与。每一个幸福校园节，学校都周密筹备，营造浓厚的活动氛围，每一个活动，学校都保证人人有机会，人人可上台。比如，每年庆祝六一国际儿童节，我们从不举行汇演（因为汇报演出有人是主角，有人只能做观众），不进行表彰（有人有机会上台，有人没有机会上台），而是举行大型游戏节。这样的节日我们已经坚持举行了十届，届届精彩，届届创新，每一个孩子都可以尽情地欢乐，尽情地玩耍，人人都是主角，人人都很重要，人人平等。

二是让华泰学子全员有机会参与学校"红领巾超市"评价。我校创设"红领巾超市——幸福学生评价体系"，就是以"赏识优点、发现亮点、成全进步、促进成长"为立足点，以"尊重人格、尊重差异"为出发点，充分挖掘华泰学子们的自身潜能，让每一个华泰学子体验到"每天进步一点点"的成功感和幸福感。评价体系设有"文明章、劳动章、光盘章、阅读章、艺术章、运动章、创新章、善学章、满分章、进步章"十种奖章，统称"十章摘星，全面发展"，十种奖章分别有自己的攻略细则。比如，华泰学子在"惜时早读、课前准备、文明用餐、礼貌问候、观赏礼仪、仪容仪表、着装整洁、好人好事、爱护公物、安全自护、互帮互助"等方面表现突出，都有获得"文明章"的机会，其他的奖章也有相应的范畴。"红领巾超市"里有许多孩子们喜欢的礼品，这些礼品是供孩子们"积章兑换"的。"积十枚不一样的章便为一套"，积成一套、两套、三套、四套章便可以在相应星级兑换处兑换自己喜欢的礼品。"红领巾超市"设立一星、二星、三星、四星兑换机制。积成完整的"五套"章就可以换取"红领巾超市"的最大奖品即"五星"奖励——"校长币一枚"。凭一枚校长币就可以自主选择相关的特殊奖励和表彰。比如，和校长一起吃午餐，一起去春游，一起看电影等。我校"红领巾超市"评价机制，让评价"看得见，摸得着"，深受华泰学子的喜爱。华泰学子在"积章摘星换币"的过程中，能充分体验到进步与成功带来的幸福感。同时"红领巾超市——幸福学生评价体系"也是落实国家"培养什么样的人，怎样培养人，为谁培养人"的指导方针，它将引导每一位华泰学子树立正确的世界观、人生观、价值观，并努力使华泰学子成为"德智体美劳"全面发展的社会主义建设者和接班人。

三是让华泰学子全员有机会参评学校"最高荣誉"。"勤学善思幸福少年、名列前茅幸福少年、自我超越幸福少年、天天向上幸福少年、华泰幸福毕业生"等称号，是华泰实小对华泰学子的荣誉评授。每学期或每学年，学校都精心组织评选。通过"自我推荐—家长推荐—教师推荐—年段评价—学校评价"，一大批优秀华泰学子能"走红地毯"，光荣地上台接受表彰。每一次校长和副校长会亲自为他们颁奖，每一个"幸福特权时刻"都能看到优秀华泰学子们获得成功时的快乐与幸福,"幸福自立、幸福民主、幸福乐观、幸福向上"的校风得到初步呈现,"自尊、自律、自信、自强"的学风得到充分诠释。

十章摘星,全面发展

有人说世界上最幸福的状态就是,有事做,有人爱,有所期待。如今的华泰学子在校园里,有学习之事,有老师之爱,有受肯定的期待。

一批一批华泰学子,在这里扎实地完成六年学业,踏上新的学习征程,他们有模有样,有说有笑,自信满满,幸福阳光。就像华泰实小校歌所唱的:"幸福人生,这里起航,起航!"

十章摘星，全面发展
——华泰实验小学"红领巾超市——幸福学生评价体系"

一、背景意义

"发展华泰学子们的核心素养，培育他们成为全面发展而富有个性的人，为他们的未来人生幸福奠基"，是我们学校最重要的育人目标，而建立一套多元化、多角度的激励性评价体系，是实现这个育人目标的载体。创设学校"红领巾超市——幸福学生评价体系"就是以"赏识优点、发现亮点、成全进步、促进成长"为立足点，以"尊重人格、尊重差异"为出发点，充分挖掘华泰学子们的自身潜能，让每一个华泰学子体验到"每天进步一点点"的成功感和幸福感。"红领巾超市——幸福学生评价体系"也是落实国家指导方针"培养什么样的人，怎样培养人，为谁培养人"，它将引导每一位华泰学子树立正确的世界观、人生观、价值观，并努力使他们成为"德智体美劳"全面发展的社会主义建设者和接班人。

二、争章说明

此评价是通过"积奖章的形式"进行的。在"红领巾超市里进行以奖兑现奖品"是"红领巾超市——幸福学生评价体系"

的显性体现，这种显性体现能让评价"看得见、摸得着"，将会更加深受华泰学子的喜爱。红领巾超市里可以兑换奖品的章有"文明章、劳动章、光盘章、阅读章、艺术章、运动章、创新章、善学章、满分章、进步章"十种章，十种章分别有自己的攻略范畴。"十章成一套"便可以在相应星级兑换处兑换自己喜爱的奖品，"超市"共设立一星、二星、三星、四星、五星兑换机制，分别对应一套、两套、三套、四套、五套完整章。积成"五套完整章"就可以换取"红领巾超市"里的最高荣誉，即"五星获币——五套完整奖章可兑换校长币一枚"，凭一枚校长币就可以自主选择相关的特殊奖励和表彰。

三、获章攻略

（一）文明章——班主任、道德与法治、心理健康

发章标准：在以下项目中表现优秀者均可获得"文明章"。

1. 遵守班规：严格要求自己，在执行某条班规时表现突出，获班主任肯定。

2. 课前准备：将课间常规"一收二摆三捡四推"做到位，获班主任肯定。

3. 好人好事：在校内能乐于助人，会向同学伸出援手，主动做好人好事，在校外积极参加志愿服务活动。

4. 文明礼仪：尊敬师长，文明有礼；团结同学，友善待人；排队集会，安静有序。

5. 惜时早读：入座即安静，进班即朗读。

6.品行兼优：在道德与法治课程中表现优秀，积极参与课程活动，获任课老师的充分肯定。

7.身心健康：积极参加心理健康课程活动，心灵阳光，积极向上，勇于面对挫折。

发章部门：学生发展处。

班主任每学期握章100枚；道德与法治、心理教师各握章50枚，任教n个班级课务就握章n*50枚；握章老师要合理公平地进行有效奖励（发章），积极促进华泰学子养成文明习惯，形成文明素养。

（二）劳动章——班主任

发章标准：在以下项目中表现优秀者均可获得"劳动章"。

1.当好值日生：在值日岗位上表现突出，尽职尽责，出色完成当月值日工作。

2.班务小能手：能够帮助老师完成班级各项事务，获得老师充分肯定。

3.家务小达人：按学校要求，每学期参加劳动技能考核，每通过一项考核可获得一枚"劳动章"。

发章部门：学生发展处。

班主任每学期握章100枚，握章老师要合理公平地进行有效奖励（发章），培养华泰学子的劳动意识，养成健康生活习惯。

（三）光盘章——午餐管理

发章标准：每月（20天）统计一次，光盘达到5天可获一枚，达到 10 天可获 2 枚。

发章部门：学校午餐管理小组。

（按班级上交表格，每月统计一次，给积极光盘者分发奖章。）

（四）运动章——体育

发章标准：在以下项目中表现突出者均可获得"运动章"。

1. 课堂表现：认真学习，积极参与训练，有较好的效果，获得体育老师的肯定。

2. 大课间抽号表现：每一次上台获得年段前三名。

3. 社团表现：在体育类社团学习中，做到不缺课、不迟到，上课认真，表现突出。

4. 体育课、体育社团活动等方面成绩优异或体育成绩进步较大。

5. 代表学校参加市级及以上体育比赛，成绩优异。

6. 参加花样跳绳、毽球、篮球等健身技能"星级"考级，每升格一星得一枚。

发章部门：体育课程组。

体育老师每学期握章 100 枚，任教 n 个班级体育课务就握章 n*100 枚，体育类社团老师每学期握章 100 枚，其余项目奖励由课程组统筹安排。握章老师要合理公平地进行有效奖励（发章），积极促进华泰学子爱上运动，养成健身习惯。

（五）阅读章——语文、英语

发章标准：在以下项目中表现突出者均可获得"阅读章"。

1.在图书馆文明借阅、静默阅读，表现突出。

2.主动积极购买课外书，用心创建"书香家庭"，表现突出。

3.珍惜时间沉浸阅读，积极参加各项阅读活动（如共读一本书、作家进校园、故事家长进课堂、读书论坛、悦读节活动、习作比赛、空中英语活动、英语小导游比赛、阅读与写作社团），表现突出。

4.阅读中能深度思考、积极留下阅读思考痕迹（如做好读书笔记、做阅读工作纸、形成学习单等），表现突出。

5.积极进行阅读风采展示，积极参加华华美美故事盒、华华美美英语 show、英语嘉年华、寻找华泰实小最爱阅读的孩子等活动，表现突出。

6.每周认真完成英语语音作业。

发章部门：一个阅读习惯课程组。

语文老师、图书馆馆长、分管副校长每学期握章 100 枚；三至六年级英语教师握章 40 枚，任教 n 个班级英语课务握章 n*40 枚。执章老师要合理公平地进行有效奖励（发章），要严格保管好没有分发的奖章，最大化地鼓励华泰学子养成阅读好习惯，爱上阅读。

（六）艺术章——音乐、美术、书法

发章标准：在以下项目中表现突出者均可获得"艺术章"。

1.课堂表现：认真上课，积极学习，表现突出。

2.陶笛大课间抽号表现：每一次上台获得前两名。

3.午托 18 分钟写字课表现突出，可获一手好字课程组老师的当场发章。

4.社团表现：在艺术类社团（如陶乐团、民乐团、竹笛、合唱团、书法、美术等）学习中，做到不缺课、不迟到，上课认真，表现突出。

5.在艺术类学科与社团活动等方面成绩优异或进步较大。

6.代表学校参加校外艺术类比赛，成绩优异。

7.在校园陶笛节、书法节中表现突出。

发章部门：一门艺术爱好课程组及一手硬笔好字课程组。

艺术类学科老师每学期握章 100 枚，任教 n 个班级艺术课就握章 n*100 枚，艺术类社团老师每学期握章 100 枚用于社团课程，其余项目奖励由课程组统筹安排。握章老师要合理公平地进行有效奖励（发章），有效激励华泰学子坚持不懈地学习一门艺术。

（七）创新章——数学、科学、综合实践、信息技术

发章标准：在以下项目中表现突出者均可获得"创新章"。

1.完成数学特色作业并在班级里展示或在美篇中展出。

2.参加数学说理活动，录制视频或在班级里展示。

3.积极完成综合实践活动课程作业，获得老师和同学肯定。

4.在各学科课程中表现突出，作品获得老师肯定。

5.积极探究每周一题，解题成功。

6.玩转魔方，每成功解锁一种魔方。

7.课外积极进行科学探究，小发明、小创作获得科学老师肯定。

8.积极参加科技节活动或参加科技类比赛、校外奥数比赛获奖。

9.在社团活动中表现优异。

发章部门：一种探究精神课程组。

数学老师每学期握章 100 枚，任教两个班就握章 200 枚；综合实践老师每个班级握章 60 枚，任教 n 个班级综合实践课务就握章 n*60 枚；科学老师每个班级握章 40 枚，任教 n 个班级科学课务就握章 n*40 枚；信息技术老师每个班级握章 40 枚，任教 n 个班级信息技术课务就握章 n*40 枚；其余如每周一题、解锁魔方等由一种探究精神课程组统一登记分发。握章老师要合理公平地进行有效奖励（发章），鞭策华泰学子热爱探究、乐于探究，养成探究精神。

（八）善学章（问、思、答）——语文、数学、英语

华泰学子在语文、数学、英语三大国家课程的课堂学习方面，学习方式有明显改变，能有深度地"质疑、提问、思考、回答"。如"在课堂上认真倾听的基础上，对有疑惑的现象敢于质疑；课内、课外学习中，遇到不懂的问题主动思考，思考再三而不得其解时，敢于向老师或同伴提问。观察现象细致入微、回答问题有理有据、读题—审题—验证步步到位、解决问题方法巧妙、动手实践卓有成效、设计方案考虑周到、组织活动方法得当，课堂回答自信大方、声音响亮、语言组织言简意赅、对于同伴学习中的困惑善于开导"等都有获得"善学章"的机会。

发章部门：幸福课程研究与指导中心。

语、数、英老师每学期各握章 200 枚，任教数学两个班的老师握章 400 枚，握章老师要合理公平地进行有效奖励（发章），激发华泰学子开展深度学习，养成善学精神。

（九）满分章——语文、数学、英语

华泰学子在语文、数学、英语三大国家课程学习检测方面表现突出，如"在单元考测或期中、期末检测中获得满分"等都有获得"满分章"的机会。语文、数学学科一、二、三年段每得一次满分获章一枚，四、五、六年段每得一次满分获章两枚，英语学科每得一次满分获章一枚。

发章部门：教务管理处。

语、数、英老师每学期各握章 100 枚，任教数学两个班的老师握章 200 枚。握章老师要合理公平地进行有效奖励（发章），鼓励华泰学子认真对待每一次考试检测，养成冷静思考、细致答题、不断超越的良好品质。

（十）进步章——语文、数学、英语

华泰学子在语文、数学、英语三大国家课程学习检测方面，成绩有明显进步，如"在单元小测或期中、期末检测中进步明显"，在"质疑、提问、思考、回答"等深度学习中进步明显。

发章部门：教务管理处。

语、数、英老师每学期各握章 100 枚，任教数学两个班的老师握章 200 枚。握章老师要合理公平地进行有效奖励（发章），鼓励华泰学子自我超越，不断进步。

四、兑现机制

华泰学子在"红领巾超市——幸福学生评价体系"中表现突出，将享有获得"红领巾超市"丰富的奖品和表彰（含物质奖励与精神奖励）。

（一）最高荣誉——五星奖励

华泰学子在十章联积的基础上表现突出，累积成完整的五套章就可以换取"红领巾超市"里的最高荣誉，即"五星奖励——校长币一枚"，凭一枚校长币就可以得到以下的特殊奖励之一（自主选择）。

1. 和学校正、副校长共进午餐一次。

2. 获校长亲自颁发的电影票两张。

3. 获校长亲自颁发的精美图书一本。

4. 获校长亲自颁发的精美礼品一份。

5. 做校长小助理一个星期。

6. 做一次国旗手，参加升旗仪式。

7. 采访校长一次，和校长合影留念。

8. 入队时，校长亲自帮助佩戴红领巾。

9. 参加学校特别定制路线的春游、秋游或校外实践活动一次，每学期限 30 人，先换先得。

10. 获校长亲自颁发的免作业章三枚。

（二）四星奖励（积四套章摘四星）

专柜有精美礼品或兑换以下体验活动：

1. 校园小管家一日新体验（图书馆管理小助手、小天使、红领巾超市工作人员、跳绳校队体验章）。

2. 自主选择同桌坐一个月。

3. 班级爬梯一格。

……

（三）三星奖励（积三套章摘三星）

专柜有精美礼品或兑换以下体验活动：

1. 当一次领读员。

2. 参观校长办公室。

3. 当一次班主任小助手。

……

（四）二、一星奖励（积二套和一套章摘二星和一星）

二星奖励（积两套）、一星奖励（积一套）均可在营业时间到红领巾超市兑换相应的礼品。

特别说明与友善提醒：

1. 在积章过程中，可用三枚章抵换一枚其他章，如用三枚阅读章抵换一枚文明章，或用一枚艺术章＋一枚阅读章＋一枚文明章抵换一枚创新章。

2. 在颁章过程中，教师要保管好自己剩余的奖章，一旦保管不好，则学校取消其握章资格；在争章过程中，华泰学子要诚信争章，如果发现不正当得章，则取消其两年争章资格，还要进行公开曝光。

3. 在兑章过程中，应有序排队、禁止喧哗，违规者扣除一套奖章兑换资格。

2021 年 10 月

附 2：幸福校长致辞

坚持自我管理，走向幸福人生
——在 2022 届毕业生毕业典礼上的讲话

亲爱的同学们：

大家晚上好！

首先让我代表华泰实验小学、华泰实验小学发展促进会、华泰实验小学家委会向你们顺利完成小学学习任务、光荣毕业表示最热烈的祝贺。

亲爱的同学们，过了今天，我们能见面的机会将越来越少了。虽然我无法全部叫出你们的名字，但我会一直为你们祝福。2016 级 2022 届的 252 名同学，祝你们平安、健康、顺利。

六年，2190 多天，时间很长但时光飞逝。回想起你们的每个优点，你品学兼优、阳光自信、正直善良、浪漫诗意……回想起你们的每个小缺点，你上学迟到时向教室飞奔的身影，同桌间的小吵闹，回答问题时腼腆的笑，未完成作业时那个善意的谎言，都那么令人难忘。成长是个不断试错的过程，这个过程将使你们由稚嫩走向成熟，由冲动走向理性，由骄纵走向谦卑，由无知走向渊博，由平凡走向卓越。

亲爱的同学们，小学毕业，对于你们来说，是人生一个新的起点。进入中学阶段，新的学习环境、学习时间、学习内容，需要你们更好地进行自我管理。要让理想成为现实，让目标变为成果，也特别需要自我管理。每个人的未来是由无数个自我管理组成的，每个人的成功和幸福都离不开当下的自我管理。

做好情绪的自我管理，学会心存感恩、乐观积极、勇于面对。

做好目标的自我管理，学会指向明确、不懈努力、砥砺前行。

做好时间的自我管理，学会把握进度、提升效率、珍惜机会。

做好行动的自我管理，学会规划人生、乐于实践、养成习惯。

自我管理，需要旷日持久地坚持，需要每天进步一点点，这同样是你们新起点的成长密码。

亲爱的同学们，我们很快就要分开了，大家和我的心情可能一样，那么依依不舍，我坚信你们一定不会忘了华泰实验小学，因为它是你们永远的母校；你们也一定不会忘记与你们朝夕相处六年的老师。请你们深情地再看他们一眼，并永远记住他们！

亲爱的同学们，天下没有不散的宴席。从明天开始，你们的身份也将改变，你们将从"同学"转变成"校友"。此时此刻，我对你们满怀期待，希望今后你们能以渊博的知识、良好的修养、文明的举止、优雅的谈吐、博大的胸怀，以及一颗充满爱的心灵，做华泰实验小学热心的校友。亲爱的同学们，无论你们走多远，都一定有母校注视的目光。若干年后，我期待着将你们动人的故事，向学弟学妹们轻轻诉说，深情传唱。

今日，我们挥手作别，再道一声：同学们，珍重！

最后，祝你们在新的征程上，学习进步、生活愉快；祝老师们、家长们，身体健康、家庭幸福。

谢谢你们！

附3：幸福校友回眸

年华细数，寻找童年归途

陈子烨　晋江市季延中学高三学生、华泰实验小学2017届学生

六月，天宫失了火，在难得的假期里，同学们纷纷逃离温度的牢笼，躲在空调房里温书。然而，我却逃离早已厌倦的冷气，离开房间、穿过小区，向着我的小学母校走去。因为我想在即将步入大学、走出少年之际，去寻找童年的归途。

刚步入校门，校园里跳跃的身影便环绕四周。虽然校服已经从黄色变成了红色，但胸前那一枚金色的校徽，仍然传承着熟悉的气息。一条条跳绳在四处舞动着，舞动着童年的活力。曾经，"校队"精彩华丽的表演和轻盈娴熟的动作，令无数的同学折服。但课后我和同学们，最容易上手和最常比拼的却是"双摇"。我曾自嘲"不是一个合格的毕业生"，因为我不擅长跳"双摇"。谁知道，上了中学后，我这略显寒酸的成绩居然能在我的

中学"制霸"。

在校园的中庭漫步，无法抑制的便是走进图书馆的欲望。曾经作为图书管理员的我在图书馆里收获了太多的惊喜与感动。记得将我带入想象力帝国的《舒克和贝塔历险记》，记得一本本早已被我淡忘书名的绘本，在副校长的带领下供我们分享与讨论。还有图书馆后侧，被我们形象地称为"禁书区"的地方，承载了我对校园多少的幻想和敬畏，以至于在六年级读到《哈利·波特》时，那个放置着"厄里斯魔镜"的房间，立刻便和这个神圣的角落重合了。

是的，华泰实小给我最大的财富便是书了。还记得每个作家进校园活动前夕，我精心规划零花钱的小心思；还记得每次作家演讲完，我和同学们抢着获得签名的身影。现如今，我在家中不必翻箱倒柜，随意一翻便能翻出杨红樱签名的"淘气包马小跳"系列，两色风景签名的《神秘的快递家族》。这些书，随手一翻，童年的记忆便可满溢而出。我仍能够忆起获得签名时的激动，以及每个周末，一遍又一遍品读的满足。它们被我摆在书架的最顶层，或许是我直至今日都不曾贬值的炫耀品。

从图书馆一侧的楼梯向上，便来到了曾经的 VEX 机器人教室。这间教室虽因教学缘故被划去了一半，但它在我的记忆中是不可替代并且独一无二的存在。从小学到初中，我曾多次歌颂过机器人训练的时光：在一次又一次的练习中，主控手和队员们默契配合，在限定的时间内完成尽量多的工程。我想，它之所以能在我的生命中留下这么深刻的印象，就在于它以一个孩子喜闻乐见的形式（握着 Xbox 式的遥控器），引导当时的我通过奋斗去实现一个明确的目标。这种短周期的回报使我收获了足够的成就感，并启迪我正确的奋斗姿态。而这的的确确是受益终身且不可量化的宝藏。

离开这间教室，我沿着教学楼的楼梯向上走。曾经略显陡峭的楼梯如今却让我如履平地，我径直来到了曾经老师的办公室。和恩师们一见面，往事的潮水便止不住地决堤。某某某要去艺考啦，某某某性格变得内向啦……那些在脑中已经生疏的名字倏忽间明晰——在这个特定的地点。我看到了自己曾经制作的"数学绘本"，不禁惊讶于那个时候的创造；我还发现了自己曾经写就的"古文习作"，感叹于曾经流畅的行文。睹物思人，睹人亦思物。那些曾经在记忆边缘淡漠的快乐，蓦然将我团团围住。感慨，堵在嘴边，随后融化在心里，教我将年华细数。

从人人跳绳、人人阅读、人人陶笛、人人书法这些华泰实小学子共同的回忆，到写作、钢琴、机器人这些我独有的珍藏，我在这里的时光似乎很慢很慢，足够我将它们反复把玩、细心品味——这正是沉浸于初高中繁忙的学业中的我最渴望的啊！

夕阳逐渐西沉，浓郁的温暖从母校体育馆的屋顶蔓延而上。但此时此刻，我站在这里，站在我美好童年的归途里，心中只有笑颜和欢乐。我感受着亲爱的母校——华泰实小这里的一切，感受着她的脉搏与呼吸，初生与飞扬。这时，我不禁发现高高悬挂的美丽校园里的学校愿景"六年奠定幸福人生"八个大字，熠熠生辉，正准备迎接漫天繁星。

看见成长：引向幸福的教育浸润

幸福空间

拓展生命的"幸福空间"

"一切都是人心的产物",每一所学校都是以一个特定的空间存在的。所以学校的空间布局、环境布置也应该是思想和情感的表达。幸福教育办学主张告诉我们,学校应是"花园、学园、家园"一体化的幸福空间,一草一木总是情,一花一叶都是景。

2013年元月,华泰实验小学开办筹建工作小组正式成立。三个多月的时间里,我们筹建组没日没夜地工作,没有节假日,没有周末时间,所有精力全部投入到学校校园装修设计和校园文化建设布局规划中。经过三个多月反复推敲,学校的内外装修方案才定稿。我们没有采取任何一家专业校园规划公司的设计,校园装修设计的理念都是我们筹建组几个成员的共同"想法"。理由很简单,学校的开办经费十分有限,与其把设计费给别人,不如将这些钱投入校园文化建设。

开办前的那几个月和开办后的头两年,我们站在"孩子的立场"，积极创建走进孩子生命的"幸福空间"，即把孩子引向幸福的文化环境。

一是，校园各个空间让孩子们有"幸福感"。

学校回廊中庭用中国象棋和中国围棋为背景铺设了地板，让孩子们一到中庭就能感受到中国传统文化的浓浓氛围，让他们时刻"嗅"到独特的中国文化味。

中亭虚拟棋盘

中庭最显眼的位置摆放着四大发明模型，旨在告诉孩子们：中国早就有影响整个世界的发明，我们应从小树立创造意识，养成创新品格。

四大发明模型

校园二楼本来十分喧嚣的中亭处设置了中国象棋、围棋区，从此，这里就是孩子们安静博弈的好去处，"水尝无华，相荡乃成涟漪；石本无火，相击而生灵光"。

二楼亭子上的棋盘区

学校在两个显眼的位置分别设置了鱼池和鱼缸，养了很多鱼，老师们引导孩子们观察鱼、喂养鱼、写鱼的日记，孩子们十分高兴，静静观察鱼，认真喂养鱼。善待小动物是每一个孩子的天性。呵护天性是每个教育者的天然职责。

学生观鱼

　　我们在"小小校园"里建设了"大大的图书馆"，并把图书馆设置在教学楼第一层，花心思创设优雅舒适的图书馆环境，精心挑选、购买质量最好的图书。图书馆大门显眼处刻制有揭示读书意义的"金句"："人可以把书带到世界任何地方，书也可以把人带到世界任何地方。"这里是孩子们最喜欢的地方之一，他们在这里自由阅读、自由飞翔。自由的空间才是幸福的空间。

图书馆

　　　　　　　　　　　　　　看见幸福——教育的积极力量

二是，校园有两面特殊的"幸福墙"。

一面是"陶笛大世界"形象墙。这面墙是我校几位音乐老师一起创作的作品，这面墙上挂满了各式各样的陶笛，六孔笛、十二孔笛、三管笛……墙面详细介绍了陶笛的发展史，串起各式陶笛的是一个大大的音符。华泰音乐师者把音乐符号融入绘画艺术符号，似乎让这面墙能发出多种美妙的声音，充分展现了陶笛这种乐器的美，显得特别富有灵气。每每提起这面墙，学校音乐老师们都会有满满的自豪感。校园里留有她们的作品，这是对她们音乐艺术工作的尊重。在陶笛大世界墙的正前方，是学校"一门艺术爱好——陶笛"人物雕塑，四人雕塑是我校第一批参加全国陶笛大赛的四个孩子的肖像。我们聘请艺术家为他们塑像，孩子们十分感动，一直不敢相信这是真的。这四个孩子的家长更是被学校的用心感动，说孩子们太幸福了，能永久留下宝贵的"印迹"。

陶笛墙

"一门艺术爱好——陶笛"人物雕塑

还有一面墙叫"少年中国说"石碑墙，这面墙共分两次创作与制作，是由我们学校部分师生一起创作的，他们还亲自参与工人师傅的制作过程。梁启超先生的《少年中国说》之于中国无异于花园里的仙苑奇葩，藏宝阁中的翡翠明珠，堪称传世之作。著作被一代又一代人传诵，其精神也鼓舞激励着古者今人。"少年智则国智，少年富则国富，少年强则国强，少年独立则国独立，少年自由则国自由，少年进步则国进步，少年胜于欧洲则国胜于欧洲，少年雄于地球则国雄于地球……"这几句大气磅礴的辞句激荡着多少中国少年的雄心壮志，也激励着每一位华泰学子奋发有为、报效祖国。

我们聘请书法家书写先生的勉励辞句，并请人刻在大大的石碑上，在碑墙前摆列了许多展现时代变迁的旧生活用具、旧

"少年中国说"石碑墙

劳动工具。每一个老物件都真实存在过，写满了过去生活中的点滴记忆。老式自行车、黑白电视机、一口古式水井……曾经沾染体温的老物件，渐渐退出了我们的生活，却像泛了黄的老照片，依然会勾出无数回忆，成为华泰学子了解中国人民的勤劳、勇敢和智慧的财富。当视角转移到现代通讯工具、交通工具、高科技创造等物件上，华泰学子的自豪感便油然而生：今之中国，犹如沉睡千年终于苏醒的雄狮，声声吼叫响彻云霄。

展现由古至今的各类物品，目的是让每一名华泰学子感知国富民强、国泰民安的中国如梁启超先生所言，正由"未能完全成立而渐进于完全成立"的少年步入"完全成立"的壮年。但国之栋梁少年者，切不可以中国已繁荣昌盛而麻痹大意、停滞不前，朝气蓬勃的华泰学子将发奋图强。"前途似海，来日方长"，中国终将"雄于地球"！

值得一提的是，我校全体师生于每周星期一升旗仪式唱响国歌后，都会集体面向这面少年中国说石碑墙，右手握紧拳头致礼，挺直胸腔大声宣誓："少年智则国智，少年富则国富，少年强则国强，少年独立则国独立，少年自由则国自由，少年进步则国进步，少年胜于欧洲则国胜于欧洲，少年雄于地球则国雄于地球。"

师生宣誓

通过这种铿锵有力的宣誓，我相信，有一天，华泰学子们会突然感悟到身为一个中国公民的责任和担当。这种幸福感，源于伟大祖国给他们的安全感和自豪感。

行文至此，我特别想在文末说说我对"学校环境文化创设"的理解。

在学校环境创建中，不少学校只是在表面上做文章，大兴土木，大种花草，张张贴贴，似乎教学楼漂亮了，绿化多了，花花绿绿，红红火火，便很有"文化"。我不赞同这样的想法和做法，这只是表层的校园环境文化创设，往往无法走进师生的生命，无法内化成思想，更谈不上影响。

校园环境创建要称得上"有文化"，就要充分考虑是否对孩子有影响，建设时应基于孩子的天性，从孩子的角度出发，而不是迎合上级领导和嘉宾的需求和看法，颠倒了本质。此外，校园有几样建设是十分重要的，是校园文化的重要载体，比如孩子们的卫生间（如何防臭），孩子们的图书馆（最好位于一楼最显眼的地方，才能方便孩子随时去阅读），一棵很大很大的树，一座读书的大亭子（大树或亭子往往是校友几十年后回母校最喜欢谈起的），所有这些考虑都是"为了孩子们的幸福"。

发掘工作中的美好，感受幸福

稻盛和夫说："用研究理念做管理，用工匠精神做经营，企业就能走向成功。"对于学校管理来说，稻盛和夫的经营哲学同样适用，最好的学校管理其实无非是用爱对待与用心经营。

在华泰实验小学，我确立了给学校管理干部的一句话——"用研究之精神做管理"，它是我校办"幸福学校"的管理观。我把学校部门机构设置为：校长书记室、学生发展处、教师发展处、教务管理处、后勤服务处、信息资源处、党务工作处。随着学校规模的发展扩大，学生发展处增设幸福课程发展与研究中心、家庭教育发展与研究中心，教师发展处增设幸福课堂发展与研究中心，后勤服务处增设师生安全保障指导中心。各处室的分工理念是：一室牵头决策工作事项，处室之间协作式运转，以学生发展为中心，以教师成长为共赢，开展学校各项工作。

幸福服务观：校领导及行政成员为教师开展教育教学工作服务，全体教职工为学生成长服务。

幸福安全观：没有校园安全就没有学校的一切。

看见幸福——教育的积极力量

幸福成功观：每天进步一点点。

幸福师生观：因为有爱，每一句话都要好好说。

幸福问题观：没有问题就是最大的问题，问题到我为止。

幸福发展观：用奉献的精神收获教育职场的幸福，用明天发展的眼光对待今天的工作；用全局的思想、合作的精神做好教育本职工作。

幸福质量观：一切教学质量的提高都要以生命价值观的提升为根本。

我们崇尚"人在一起只是一支队伍，心在一起才是一个团队，团队之间要互相补台，须扬长避短"。我们推行"扁平化"管理机制，减少层级管理，激发所有人的最大潜能，发挥人的最大功效。我认为，当一个管理干部能发挥出最大能量时，他一定是快乐的，也会是充满幸福的。

在校长书记室，我自己用书法写下了陶行知的教育名句："国家把整个的学校交给你，要你用整个的心去做整个的校长。"这样的教育名言给我警示：做校长书记，须竭尽全力！

在后勤服务处，我送给后勤管理干部一句话："心连心服务，百分百体贴。"学校只有真心实意地为教师服务，教师才会用心为孩子们服务。

在教师备课室里，我写下一句话提示老师："40 分钟，您能给孩子们什么？"它提醒所有师者要认真备好每一节课，用心上好每一节课。

在教师会议室里，我和老师们共同制定了教师例会五条公约：

1. 按时参会：每两周召开一次全体教师工作例会，周一

17:50 分签到，18:00 准时开会。未经请示无故迟到、早退、缺席者需在微信群向全体老师派发红包 100 元，校领导也不能例外。

2. 做好记录：按指定位置就座，会议进行中，要详细做好会议记录。记录本到学期末须统一上交学校教师发展处，学校将对特别认真的老师进行奖励。

3. 精简布会：校领导和行政人员要事先做好充分准备，力争发言时言简意赅，要用直观的 PPT 呈现会议内容，让与会者一目了然。

4. 做到"六不"：与会人员参会时不得玩手机，不在会场走动，不批改作业或试卷，不交头接耳，不带小孩参会，不做与会议无关的其他事情，做到全身心参会。

5. 严格限时：会议部署任务时实行限时制，会议总时长不超过 70 分钟。如超过 70 分钟，参会人员可选择离会，校领导必须向参会教师公开道歉，并在下一次例会时自己出资购买点心给全体老师。

这样的会议公约体现了学校教师会议有制度、懂尊重、重效率的精神，这也暗含稻盛和夫"用尊重的理念管理人"的哲学精髓。

当你创造了"管是为了不用管"的学校管理文化时，学校才算达到幸福管理文化的层次。而让全体教师认识到自己的工作价值时，幸福管理文化才刚刚开始。日本松下幸之助说："在工作中我经常提醒自己，每份工作都蕴含着独特的美感，如简约之美、和谐之美、速度之美等，而我的任务仅仅是把美感发掘出来而已，别忘了，美的事物永远让你感到舒畅快乐，幸福自信。"

一份体面的工作是增添美好生命味道的食盐，美好工作则是奠定人生幸福的基础。

让教师先幸福起来

我认为，没有教师的快乐和幸福，就没有学生的快乐和幸福。要让学生幸福快乐成长，首先就要让教师幸福快乐起来。

拥有20多年校长岗位经历的我对为师之道感悟颇深，我清醒地认识到组建一支"有爱心、本领硬、业务强"的师资队伍，是学校实现"让每一个孩子全面而富有个性地发展"的育人目标的关键，是真正实现学校"六年奠定幸福人生"的办学愿景的根本。

华泰实验小学教师团队的组建并非一步到位，而是随着学校学生规模每年扩大而逐渐建立的。团队中有在职竞聘产生的从教经验丰富的中青年教师，也有师范大学刚毕业、通过省级考试、没有任何从教经验的新到岗年轻教师，还有教育局党组培养后下派的中青年骨干力量。教师团队成员的教育理念、教学水平、育人观念等参差不齐。怎么让他们先快乐幸福起来呢？以下四点，来自华泰实小组建幸福教师团队的实践历程以及我个人的点滴感悟。

一是塑造教师爱岗敬业专注度。幸福快乐之源不可能是单一的。对于教师来说，对教育事业的专注也许是最重要的幸福之源。对岗位的专注，可以帮他们很快收获成果，可以帮他们免除无谓的攀比之苦，可以帮他们初步感到幸福。相反，一个无法专注自己岗位的教师，往往容易产生盲目攀比心理，从而牢骚满腹。这样的人很难感受到工作的快乐。

每学年开学前，新聘教师报到，我都会举行隆重的欢迎仪式，热烈欢迎他们加入华泰实验小学这个大家庭。作为校长，我会借机给他们描绘学校的共同愿景，勉励他们扎根教育、热爱教育、专注工作、眺望未来。著名社会学家孙立平曾经说过：幸福感是相对的，产生于比较，要紧的不是我们有什么，而是我们有什么而我们的邻居却没有。我经常给新教师们讲：我们有永远的学生，从事其他职业的人没有；我们有两个长假（寒假与暑假），其他的职业没有；我们创造的"产品"会哭会笑，其他的职业没有；我们每天会听到有人向我们敬礼问好，其他的职业没有；我们一旦和孩子形成了师生关系，就会有真挚的情感，从事其他职业的人往往很难产生真情实感，他们更多面对的是匆匆而去的人与物。由于面对的是活生生的人，所以我们要全身心投入，专注于这一份有价值的工作。

当然，提升教师爱岗敬业的专注度，更多的还是为他们带来工作环境的安全感，没有后顾之忧的生活感，有进步能受到表扬的成就感，有业绩就有良好待遇的获得感。专注是一种"慢"的艺术，近于静止，有自己的节奏，不易为外界的节奏所打搅。专注不是强迫的结果，而是一种自觉的境界。

二是锤炼教师教育教学专业力。要成就真正的教师幸福，离不开"教学能力"的真正提升。教师的幸福快乐不仅仅来自对工作的专注度，还来自在工作中获得的实实在在的成就感。这种成就感是教师强大的教育教学专业能力带来的效益。因此，华泰实验小学开办的这几年，我紧紧抓住"锤炼教师教育教学专业力"这个"牛鼻子"。

见缝插针练好内功。提升教师教育教学专业力，教学基本功是基础。几年来，我采用"见缝插针"的方式让华泰师者们练好个人基本功，如每个学期初、教师例会前、晨会时刻、学生放学后、教师放假前等可利用的时机，让教师练"三笔字"书写、手工制作技巧、作画、演讲、朗读、演唱、表演、多媒体制作、陶笛演奏、花样跳绳、踢毽子、写作等。有时全校大练兵，有时小组小练兵，有时个别自练兵，灵活处理，因地制宜，随时随地。通过练基本功，我校教师团队中，许多教师成为"多才多艺、文武双全、一专多能"的教师，他们自信满满、快乐多多。

设立各种演讲平台。巧设"道德大讲坛""读书大讲坛"两个教师"大讲坛"，开辟一个"感动故事讲述"，以此来强化教师师德师风建设。每学年春季举行的"道德大讲坛"由华泰党员教师每周轮流主持，通过道德讲坛，教师们从教师模范身上汲取力量，坚定教育信念：以德修身，恪守师德；以德修己，弘扬师魂；以德育人，桃李芬芳。每学年秋季每周举行教师"读书大讲坛"，全校教师围绕共读书目，轮流上台讲述读书心得，让阅读陪伴教育教学之路，在书香中提升自身素养。

"感动故事讲述"的讲述者为进入我校第一年的新聘教师。他们讲述在这一年里那些有笑有泪的真实教育故事。故事以情传情，以心换心，让新老师在教育事业伊始铭记心中应有爱、眼中应有人的师德师风，这是初为人师的最基本要求。

搭建各种课堂舞台。第一种课堂叫"见面课"。每一位新毕业的师范生或者新招聘来的在职教师，到岗后的第一个月必须上一节公开的"见面课"。通过"见面课"，学校了解新教师的教学起点，然后，我会迅速为新教师配对师父，让他们形成师徒结对。同时，师父为新教师制定个人成长计划与发展规划。第二种课堂叫"成长课"，是为教学五年内的青年教师量身打造的成长舞台。教学五年内的青年教师每一个学期必须上两节这样的成长课，供同事们讨论和研究。通过不断地开课、议课，青年教师的课堂实践能力才能够保持成长的势头，且每年会受到新的理念的冲击，他们会更快形成自己的教育观。第三种课堂叫"比赛课"。作为市直实验小学，我校每年有机会参加各种"比赛课"，比如市级的学科课堂评优课、各类教坛新秀评选活动。这是教师成长的最好时机，每逢这样的"比赛课"或"评选活动"，我们都不只是一个人在"磨课"，而是一群人在"研究"，备赛期间充分发挥了"集体备、集体思、集体研"的集体功效。几年来，我们有30多位青年教师在第三种课堂中迅速成长为市级骨干教师，这些人占了学校教师总数的三分之一。第四种课堂叫"风格课"。我们学校省市县骨干教师或学科带头人数量不少，这批教师是推动学校发展的重要力量，他们大部分人拥有十年以上的教学经历，都已经形成自己独特的教学风格。我积极鼓励他们每学期要开一节"风格课"，用风格展示自己，用风格说服别人。每一节风格课展示后，我亲自为他们颁发"教学风格证书"。每种课堂风格以教师的名字"命名"，让他们充分体验自豪感和成功感。

教师上公开课

巧借教学技能大赛。锤炼我校教师教育教学专业力的一个重要载体，就是每两年一届的全市教师教学技能大赛。每次的教师教学技能大赛，我都早早谋划，甚至提前半年就作准备，我会发动很多人备赛，为他们配备师父，举行校级赛，开展选拔赛，设立丰厚的奖金，聘请专家团队为他们培训。不断地"煽风点火"，不断加油鼓劲，目的只有一个，就是让华泰教师借市教学技能大赛，磨炼技能，加快成长。值得骄傲的是，三届全市教师教学技能大赛，我校收获了四个"特等奖"（全市只有十人获"特等奖"）。学校赢得荣誉，教师体验成功，成功后的幸福感和快乐感溢于言表。

三是培育教师会爱能爱的能力。"教育的真谛是爱"，这是我校送给教师的一句教育箴言，它是做好教育的永恒原则。我们把它镌刻在学校后大门的石碑墙上，是想时时提示华泰的每一位教师：心中有大爱，才能做好教育工作。

一般来说，不称职的教师有两种：一种是不爱自己的职业，另一种是不爱自己的学生。比如，刚刚踏入工作岗位的年轻教师，是很容易走入不称职教师这个行列的。理想很丰满，现实很骨感，教学工作的繁琐，教学对象的差异，很快会消磨年轻人的激情。没有激情，爱的温度可能就不够高。激发年轻人的激情，不可懈怠。正因为如此，我会想方设法加入年轻人的"微信群"，从他们的"朋友圈"观察他们的动态，发现他们有"苗头"，就及时化解。另外，工作年限较长的"老教师"，也容易产生"职业倦怠"，激情往往被工作实际和现实生活消磨。为他们"排忧解难"，也成为我的"职责所在"。

没有爱就没有教育！教师的第一专业是"师道"，而"师道"的核心是"爱"，是对教育的"挚爱"，是对学生"无私的爱"。爱，让教师充满职业幸福。

四是培养教师爱工作也爱生活的热情。朱永新先生倡导"让教师过一种幸福完整的教育生活"。我高度认同，并努力地去实现它。让华泰师者在校园里做到"用心工作又能享受生活"，是我近十年来一直竭尽全力在做的一件事！

让教师爱工作也爱生活。华泰实验小学是市直属公办学校，办学短短几年便得到同行的较好评价。不少基层小学的教师仰慕我们的办学质量，也期盼他们的小孩能来校就读。我抓住这样的契机，发动他们来参加我校教师竞岗，成为我们的团队成员，上岗后他们的小孩就能顺理成章来校就读。于是，许多基层小学的优秀教师经过竞岗成为我们的一员，有的人还在我校所在的小区安家落户。我时常以"假如我是小孩，假如是我的小孩"勉励他们做永远的华泰师者，鼓励他们，好好工作在华泰，好好生活在华泰，让工作精彩，让生命发光。就像弗兰克尔在《活出生命的意义》一书中写的振聋发聩的一句话："人活着是为了寻找生命的意义，这也是人一生中被赋予的最艰巨的使命。"

让教师边工作边读书。要当教书人，先做读书人，要"让教师过幸福完整的教育生活"，就要让教师先读起书来。华泰实验小学办学十年来，组织了至少20场教师阅读活动。首先是为教师买书，每个学期末学校都会为教师们买书，共读本是教研组共同商定的书，个读本是教师自由选择的书。接着是举行赠书仪式，让仪式带动气氛，点燃读书热情。然后是积极开展读书论坛活动，活动形式多样，有线下的，也有线上的，有大组交流的，也有小组互动的。我们经常不指定主持人，不指明交流的方向，而是临时指定主持人，或者即时抽签产生主持人与发言人，这样做的目的，是要让老师们把书读透读全。最后是举行读书写作比赛，引领教师写作能让教师读得深入，能把最好的阅读心得写出来。读书最有收获的人，读书最多的人往往是最自信的华泰师者，也往往是教学能力最强的人。我还发现，那些最爱读书的师者，也是最热爱生活与最喜欢工作的人。

教师开展阅读活动

让教师既多才又多艺。华泰实验小学教师队伍呈现年轻化，青年教师可塑性很强。我抓住这个特点，鼓励他们学习各种才艺。如学习硬笔书法与软笔书法，我提出"您的字至少影响三代人"理念，启动"让教师人人写好字，人人会教书法"的书写能力培训。通过持之以恒的教师书写校本培训，全校有50%的教师能胜任"一手硬笔好字"教学工作，其余的教师也能应对较为简单的"书写教学"。除了人人学习书法，我还发动老师们"人人学习陶笛吹奏""人人会花样跳绳"。功夫不负有心人，经过坚持不懈地培训推动，目前我们的教师团队当中，许多语数老师不仅会吹陶笛，还会花样跳绳；全部音乐老师都是陶笛高手，还能写出一手硬笔好字；体育老师人人是跳绳能人，还懂得音乐。许多华泰师者，多才多艺，深受华泰学子的喜欢。我也发现，那些多才多艺的华泰师者，身上有比别人更多的自信与快乐，他们的生活是多姿多彩的。我记得有一个音乐人曾说："一个人的才艺，往往是这个人的生活，它能给人带来快乐与幸福！"如今的许多华泰师者拥有这种状态。

当然，让华泰师者能真正快乐幸福的，还是教学人人能胜任，育人人能出采，工作人人有滋味。

2020年9月，我在学校第二个五年发展规划里，针对"幸福教师"的打造提出了"幸福教师成长研修共同体"的新发展理念。让"要我幸福发展"转向了"我要幸福发展"，发展方向和路径更加明确。

附：华泰幸福师者的成长心得

我的幸福成长三部曲

陈娇梅 晋江市首届教师教学技能大赛特等奖获得者、晋江市"五一劳动奖章"获得者

陈娇梅老师

有人说：真正的幸福是不能描写的，它只能用来体会，体会越深就越难以描写，因为真正的幸福不是一些事实的汇集，而是一种状态的持续。那怎样的状态才是幸福的呢？左拉说："生活中唯一的幸福就是不断前进。"是啊，不断前进、不断成长是幸福不断的源泉，是我们作为教育者一直追求的幸福状态。

幸福是一篇持续谱写的乐章，续写着一个个动人心弦的成长乐符。

转变，动摇初心

来到华泰实小工作的初心，是家在华泰，为了能与儿子同步学习和工作，我离开了一毕业就入职、待了11年的晋江陈埭中心小学。

在陈埭中心小学工作，我参加了各种比赛，评上了职称，也开始走专职科学教学之路，但追求与抱负好像就此戛然止步。换个新环境，我想应该可以简简单单地教书了。

来到华泰实小，因为学校的工作需要，我突然又成了一年级的数学教师和班主任。学科的转变，立马击退了本想要的安逸。之后接触的人和事不一样了，我眼里的华泰老师，不管是老教师，还是新教师，都充满干劲、精力充沛……就连学校的领导也是这样。我开始像对世界充满好奇的孩子一样，重新审视我的初心。

静下心来，不难发现答案就摇曳在校园的每个角落里。后花园石头上有我们校长亲自题写的耐人寻味的几个大字，既是"教育的真谛是爱"，又是"爱的真谛是教育"，校长"横看成岭侧成峰"的大智慧里，藏着与每位教师的共勉；教学楼一楼长廊上贴着校园里感动瞬间的一张张照片；每间教室前黑板上方"每天进步一点点"的木匾，时时刻刻激励学生；后黑板上方"因为有爱，每一句话都要好好说"的木匾，每分每秒提醒着教师……这些爱的写照，营造出华泰实小特有的浓浓的校园文化，滋养着我。告诉我，因为爱所以爱，当然义无反顾！

我的初心一点点地动摇着，新的序章在悄然开始。

改变，毅然行动

再长的路，一步步也能走完，再短的路，不迈开双脚也无法到达。

于是，我将当时的 QQ 个性签名，更新为"重新归 0，整 ♥ 出发"。我开始改变，开始重新学习，学着老教师兢兢业业、扎实业务，学着新教师干劲十足、创意四射，学着做好每一件小事，学着像学生那样争取每天进步一点点。

于是，对待学生，我开始想方设法、分析学情、用心备课，根据不同的学生采用不同的方法，及时反思，总结梳理。

对待家长，我开始主动联系、家校配合、携手双赢，根据不同的家庭采用不同的方式，及时沟通，总结反馈。

对待自我，我开始踊跃参赛、积极备赛、重在磨炼，根据不同的比赛采用不同的模式，及时训练，总结提升。

"既然选择了远方，便只顾风雨兼程；既然选择了改变，便只顾毅然行动。"一路走来，不管是从自己身上，还是从家长身上，甚至从孩子身上，我感受到想尽办法克服一个个困难后的微微的成就感，体会到每天进步一点点的缓缓的愉悦感，以及与志同道合的人一起努力成长的绵绵的幸福感。

收获，欣然成长

教师的幸福感就是这么简单，只是一种感受当下的涓涓细流般的状态。看到孩子们健康成长，体会着收获的幸福；得到家长们理解支持，感受着由衷的欣慰；受到同事们关心鼓励，体会着温暖的力量。

记得 2017 年晋江市第一届教师教学技能比赛前，校内刚刚选拔完，作为我的指导老师的恭礼校长，就语重心长地对我说："你的专业很扎实，你要相信你自己，你是可以拿大奖的！"王校长简简单单的一句话，犹如一剂强心针，让我瞬间拥有超级力量。

集中训练时，同事们的互帮互助冲淡了我的种种担心，让我能够坚持不懈地面对种种难题。于是，我开始学习语文教师们的娓娓道来，学习数学教师们的严谨细致，学习技能科教师们的妙趣横生……

有幸进入第二轮比赛，面对更难的决赛，我有些退缩、有些彷徨。校长不仅发信息鼓励我，而且寻找相关书籍让我准备答题，同事们帮忙传授制作课件的各种秘诀等。就是那一句句话语、一个个举动，使我能够轻装上阵、从容面对。

比赛后，跟同事们回顾整个参赛过程，我不禁感慨，正是因为学校有计划地训练，同事们不遗余力地帮忙指导，我才更有方向、更有底气。正是有了这个神一样的团队的鼎力支持，我才能幸运地成为小学组四个特等奖获得者之一，才能获得晋江市"五一劳动奖章"，才能获得泉州市教师教学技能比赛二等奖，才能获得"泉州教坛新秀"的称号，才能有机会参加泉州领航培训……

这些收获，让我一步步成长，让我倍感成长的幸福。但是我更大的幸福感源于，一直让自己保持"每天进步一点点"的华泰精神，保持一颗不停求知、求真、求成长的华泰心。这肯定是我从现在开始不变的追求，以及最大的幸福源泉。

到现在我的 QQ 个性签名，仍是最初的"重新归 0，整 ❤ 出发"，但此时的心境与刚来华泰时完全不一样。我们需要定期"重新归 0"，整理整理想法，收拾收拾心灵，全新出发，让自己始终保持成长的心态，拥有教师那种关乎心灵、关乎生命、关乎成长的独有幸福心境。

幸福就像一幅水墨画，简单但有内涵，无须多余的色彩进行渲染，更无须多余的笔画进行勾勒，然而细细品味，越品越觉得独特。

仰望星空，脚踏实地。努力做一个成长且幸福的智慧教师，路在远方也在脚下，我会一直在路上，成长也还在路上，幸福的乐章在持续更新。

共同成长，舞出幸福

陈珍珍　晋江市第二届教师教学技能大赛特等奖获得者、晋江市"五一劳动奖章"获得者

陈珍珍老师

2020年9月，我们学校恭礼校长在新学期教育工作部署会上提出了"幸福教师成长共同体"发展理念。"幸福成长共同体"既可以存在于学生与学生之间，也可以存在于学生与教师之间，更可以存在于教师与教师之间。共同体当中的多方关系相互独立又相互协作，犹如牵着身边人的手，跳出优美的"教育之舞"。作为华泰教师团队的一员，我深以为然，从"要我发展"转变为"我要发展"，有着切切实实的个人成长体验。

正如个体心理学家阿德勒关于幸福的观点：幸福即"贡献感"，而贡献的出发点是"共同体感觉"，个人只有从自我心性当

中解放出来并为集体作出贡献才能找到共同体感觉，收获幸福。回想起在华泰的近九年教师生活，有太多值得回味的幸福故事。其中有两件事是我对"共同体"的幸福感体验最深的，置身其中的我领悟到了做幸福教师的真谛。

"滑铁卢"事件

2014年9月，我正式加入了华泰实小这个大家庭，自认为有一定专业技能的我能立马适应新环境。没想到开学不久就遭遇了教师职业生涯的"滑铁卢"。

一日，我意外看到了所任教的班级的聊天记录，里面赫然呈现着这样的对话："孩子在三年级时对英语非常感兴趣，现在在家怎么都不怎么学习了？""我家孩子的成绩退步很多！""怎么没听过孩子在家读英语呀，你们也是吗？""孩子可能不喜欢现在的英语老师吧！"……这些聊天语句如一记又一记重拳打在我心里，我的脸一下子刷地红了起来，眼泪不住地往下落。

那一夜我彻夜难眠，教师见面会上恭礼校长的叮嘱重响在耳边："作为华泰的老师，我们会遇到很多困难，但不要抱怨、不要怕困难，因为办法总比困难多！"随后我进行了深刻的自我反思：我原先认为教好书就是按照教材上课，教会学生读单词、背课文、会考试，这样就万事大吉了。其实这是万万行不通的，我忽略了学生的学习兴趣培养，忽视了课后的追踪辅导，更忘记了有效的家校沟通。抓住学生成长的关键就在于不能只把自己当成一个教书匠，不能把学生当成盛装英语知识的容器。只有真真正正看见了学生的起点、兴趣、特点，无私地付出教育者的关爱，才能收获师生的共同成长。

在"滑铁卢"事件后，我不断观察身边同事们的做法，才发现原来我与优秀教育者还有着很大的差距。同事们细致耐心的班级管理、温润动人的沟通方式无不启发着我。于是我向班主任们学习，学着走入孩子们的内心，了解他们的喜好，改进课堂的评价机制，鼓励孩子们更多地参与课堂。慢慢地，越来越多的孩子开始接受了我，他们学习英语的兴趣逐渐浓厚。一年后，一位孩子在作文中写道："英语老师像妈妈一样，无微不至，让我感受到爱和温暖。"另一位孩子写道："英语老师陈老师的出现，宛如种子遇见阳光，活力四射，催人奋进。"还有家长在孩子毕业之际留言："感谢陈老师对孩子的真心付出，感恩！感谢！"

收获是从付出开始的，作为教师，我们只有献出身为教育者的诚意，真正地为孩子的成长作出贡献，才能收获教育的幸福感。

难忘的大赛

2019 年 7 月，我校组织各个学科的教师代表备战晋江市第二届教师教学技能大赛，比赛时间为 10 月中旬。为期三个月的备赛时间里，我虽紧张不安，却实实在在体会到教师之间共同成长的幸福感。

比赛第一阶段是分学科的技能竞赛，我们英语组的"三个臭皮匠"分工协作：我负责搜集专业书籍、学科论文，侯晓玲老师搜集不同版本的小学英语教材，杨圣妮老师负责整理每日的研讨成果。我们找了一间空教室，每天找出时间不断地模拟和演练片段教学和观课评课。一开始总是状况百出：有时候可能是时间不够用，有时候是设计的逻辑性和创新性不足，还有时候是评课的观点组织凌乱。在我困顿时，同小组的两位老师总是给予支持和帮助，我们一起试着去完善每次的教学设计，尝试着去修改和润色观评课稿件。在晓玲和圣妮的"助攻"下，我终于幸运地进入比赛的第二阶段。

进入第二赛程的我仍然像刚开始一样手足无措，不知如何迎接这个艰难的挑战。我们的"领头人"——恭礼校长给了我一颗定心丸："珍珍老师，我预感第二届技能大赛你能得特等奖，不信等着瞧！快冲吧！"他一边鼓励我用饱满的精神状态参加比赛，一边组织学校里的优秀教师组成备赛团队，辅导我和另外一个选手蔡萍萍老师进行冲刺。团队里的每一位成员：恭礼校长、祝新福老师、曾淑慧老师、陈娇梅老师、邱芙蓉老师、蔡婉婷老师、侯晓玲老师、蔡丽萍老师、杨绍华老师等无私地提供了一切可能的帮助。他们有的负责整理教育问答的热点，有的负责收集课件制作的资料，有的针对参赛选手的作答情况进行点评，校长则是不断地为参赛选手加油鼓劲。

带着华泰这个大家庭的祝福，我们两位参赛选手走上决赛现场，最后以蔡萍萍老师排名第二、我排名第一的总成绩，为学校赢得了晋江市第二届教师教学技能大赛的掌声。正是有着领导和同事们无条件的信任支持，有华泰实小这样的教师成长共同体，我领会了奋起拼搏的精神。这份精神背后就是"华泰教师幸福成长共同体"的无声浸润。

幸福成长的教育故事，每一天都在华泰这个大集体当中上演：

初出茅庐的新教师屡屡摘得各个赛事的奖项，数不清的学校集体荣誉挂满墙壁，毕业后的孩子自发回到母校看望陪伴他们成长的老师们……而这一切的"幸福事件"都与我校的办学愿景——"六年奠定幸福人生"，以及教师发展理念——"幸福教师成长共同体"密不可分。

正是有着对"幸福教育人生"的追求，每一间华泰的教室都洋溢着温暖和爱意，每一位华泰教师都为了集体的发展奉献自己的力量。在"幸福教育"成长下的孩子们走进初中、高中、大学、社会，相信他们会写下更多关于"幸福成长共同体"的美丽故事。

做最好的自己，遇见最好的你

洪翡莹　晋江市第三届教师教学技能大赛特等奖获得者、晋江市"五一劳动奖章"获得者

洪翡莹老师

岁月不会为你平添魅力，除非你在时光里精心雕琢自己。

与华泰实小相见的第一眼，便有一种温热的安全感和归属感。这种踏实的归属感，让我怡然自得地在校园里奔走，我常常竖起耳朵听华泰老师们的教学经验，老教师的能力与智慧，新教师的热情与拼劲，班主任的付出与责任感，学生的创造与巧思，都能给予我莫大的启迪。这方小小天地里，行走着一群高素养、有思想和极具个人魅力的师者，他们巧思、乐学、勤勉、踏实、乐于奉献和分享……在这里我明白：教师的职业幸福等于自己的专业成长，想要遇见教育幸福的样子，就要让自己的专业成长起来。

于是，在华泰学苑的教育舞台上，我这棵"小树"，从发芽、破土到茁壮生长，在经历无数的风雨和磨砺后，在无数次的教育改进中，换下稚嫩的"皮囊"，自信、骄傲地站上讲台……

在教学研究中成长

要不断去学习、提升，让自己每一天都比之前更专业、更有深度。

2015年9月1日，开学第一天，一场别开生面的课程论证会后，我和"一门艺术爱好"课程建设结下了不解之缘。在那个蝉鸣的盛夏，我第一次参加了课程组工作会议，恭礼校长郑重地对我说："华泰实小没有主科副科之分，在这里每个学科都是重要的，你大胆去做！"于是在他的带领下，我开始挖掘课程的所有可能性。

刚接手这个新任务，心理压力比较大，多年以来的音乐教研固化模式，让我不知从何处开始。直到校长把陶笛音乐家董文强老师请进华泰，一场陶笛音乐会将一切平凡的画面赋予深厚的意义。我当时脑海里回想的是鲁迅《故乡》中的两句话："我素不知道天下有这许多新鲜事……只看见院子里高墙上的四角的天空。"这次音乐会，使我受到了极大的震撼。它就像一道闪电，劈开了我僵直困顿的教研思路，激起了我对课程改革的热忱。

我开始喜欢陶笛演奏，喜欢研究"一门艺术爱好"课程教学模式。面向全体老师，我们每周传播陶笛吹奏；面向全体学生，我们有条不紊地进行教学。人生的意义永远在拓展而不是固守。每次课程活动中，每位课程组成员参与活动全过程，并完成每次听评课的心得记录。每次活动都在见证我们的成长，我欣喜于青年教师的茁壮成长，感动于同伴团结互助，也思索着前进的方向。

随着"一门艺术爱好"课程的深入推进，新的问题也接踵而来：陶笛进课堂应该怎么规划和实施更有效？顾此失彼，只吹陶笛，脱离音乐课堂教学怎么改进？如何进行陶笛提优，让更多孩子走上舞台进行展示？……当我们找不到方向的时候，恭礼校长总会出现，并带领课程组重新制订教研计划，借助专家力量帮助音乐组教师专业成长，支持我们走出校门交流学习。"多学习是课程改革的宝贵精神，但只学习不思考，便不会有创造力。"在我迷惘的时候，校长的引领，让我找到了新的思维模式——宏观思维和合作思维。我和课程组的年轻老师们一同研究音乐"1+X"教学模式，在备课、磨课、研讨中成长，如今，"一门艺术爱好"教学研究越来越成熟。

　　课程改革的最大意义就是"改变"，改变教师的教学方式，改变学生的学习状态，唯有教师改变，学生才会改变。七年多来，在课程改革的路上，我学会在教学研究中做一个会思考的人，发掘教材的深度，表达独到的见解，由内而外，逐渐更新自我，也体验到了成长的快乐。

　　研究让我成长，成长让我幸福……

在技能大赛中磨砺

　　教师要有光，才能照亮别人。一个人的成长要经历时间的锤炼，今天所做的努力都是在为明天积蓄力量。在华泰实小的学习积淀，让我在面对学生、面对教学、面对自己时更加自信。

　　回想起自己备战晋江市第三届教师教学技能大赛时，每每与同事们讨论，提到最高频的词，就是"挖掘"——挖掘教材、挖掘学生、挖掘自己。挖掘教材，读透课本和课标，每次准备课例势必要把每一个字熟记于心，反复地研究教材，更深入地了解教材中要传达的深意，让课堂教学更有效。挖掘学生，进行有层次的问题引导，关注课堂的生成，磨炼及时应对的教学机智，让课堂变得更灵动。挖掘自己，每一次备战，都是一次自我较量。第一次校内比赛的时候，通过片段教学，自身的不足也在对比中突显，每一次磨课，不仅仅考验对课堂、学生、教学研究的深度，更磨炼了意志。非常幸运的是，我身边有一群一同前行的战友和伙伴。回头来看，其实比赛的过程就是不断学习、积累的过程。

2020年10月下旬，我迎来了技能大赛第一阶段的赛程。参赛的同事们相互鼓励、相互促进，抱团参赛，我校八个同事斩获一等奖，纷纷进入冲刺特等奖的总决赛。王校长看到我决战热情十分高涨，便递给我一大叠刊物——整年的《人民教育》。他要求我强迫自己安静下来，好好啃读一下刊物里的"理念政策""观点与评论"，这样才能脱颖而出。说实话，这是一个很艰难的过程。至今还记得，打开微信聊天记录中校长发来的资料库，我和自己进行了一场艰苦的较量。很惭愧地承认：面对王校的鼓励，我有点想放弃。那些陌生的名词、枯燥的理论，在我的学生时代就曾经是噩梦一般的存在。不知道有过多少次想把那一沓书扔掉的冲动，冲动过后我又重新拿出那一本本教育刊物，开始像一个小学生一样开启了边查阅资料边批注的啃书生涯。就这样，整个备赛过程就像孩童学走路一样磕磕绊绊，我终于把厚厚的书籍资料整理成笔记，用最快的时间把笔记的内容消化完。

　　登高必自卑，行远必自迩。比赛要出彩，务必脚踏实地，久久为功。大量阅读、体验思考、反复练笔，当这三件事情成为一位音乐老师的日常，那她就有可能收获惊喜。技能大赛第二阶段，得知自己是特等奖的第一名，我表面平静，内心却百感交集。如果要用两个字提炼此次胜出的秘诀，我想是"团队"二字。独行快，众行远。要想走得快，一个人走；要想走得远，必须大家一起走。备赛阶段，是校长亲自带领我们学习，一直给我们鼓励、关心与指导。参赛的八位选手，资源共享，并相互鼓励、相互促进。这个有温度的团队，让我在磨砺中收获，在蜕变中成长。

金风玉露，春草青山，两两相宜，如同我与华泰学苑，是万里星光，一如既往，也是无边热爱。每一位茁壮成长的华泰师者，都是一本有关力争上游的传记，一个专注拼搏的闪耀灵魂。未来，我会继续与华泰实小的同事们一起努力，让教育如清风细雨般润泽校园里每一个生命，为孩子们的幸福人生奠基。

追光不止，向阳而生

施彬芳　晋江市第三届教师教学技能大赛特等奖获得者、晋江市"五一劳动奖章"获得者

施彬芳老师

　　东风何时至，已绿湖上山。每一粒种子都曾与黑土共融，每一位茁壮成长的老师，都离不开学校这一方黑土的滋养。回想起

2015 年的那个夏天，我满怀着对未来的憧憬迈进了华泰实小的校门。不知不觉，八年时光已过，我已由最初的心怀忐忑到现在的渐趋从容。如果时光有味道，我想那便是过程，虽有苦涩，但却有成长的回甘。

柳絮因风起，葵花向日倾

记得刚毕业的我，初出茅庐，满怀一腔热情地投入教育事业，学校的什么任务都乐意承担。我成为最"不务正业"的老师，教着语文学科，却参加着各个学科的比赛，音乐、美术、英语、舞蹈、朗诵，甚至连学生的体育竞赛也指导过。我就像一颗种子，内里总燃烧着生命的火光，浸在水里的，要膨胀；埋在地里的，要成长，向阳而长。

2015 年 9 月，我有幸来到华泰实小工作，面对新环境，当时已有十几年教龄的我虽有紧张与不安，但更坚信来到一所更优秀的学校，我一定会成就一个更好的自己。记得参加第一次新教师见面会时，校领导问了大家一个问题：未来你会怎么开展自己的教学工作，实现自己的价值？现在我还记得当时我的回答是"你若盛开，芳香自来"。在华泰实小这个广阔的舞台上，我立志做一个努力靠近光、追随光、成为光、散发光的老师。

班主任工作事无巨细，学科备课繁重紧张，推门听课、青年教师汇报课接踵而至，刚开始不适应这所新学校的快节奏，我苦恼着。而开学后第一个月便接到了"市级比赛任务"更是让压力如泰山压顶般袭来。作为语文老师的我却要去参加道德与法治学科优质课评选，虽"身经百战"，但我内心却是惶恐的，毕竟以前参加的比赛都是小打小闹，现在到了一个新单位，却身负重任，不禁压力倍增。总是孤军奋战的我茫然、彷徨。这时，外出培训的道德与法治学科导师远程细心指点，语文组骨干老师跨学科指导，甚至连王校长都亲自听课帮我提出改进意见。当孤军奋战变成团体合作，一切挑战便不再让人害怕，同事们的指导与鼓励拨云见日，驱散我心头的阴霾。那一次，我不负众望，获得晋江市一等奖的好成绩。

本以为我会在语文教学的路上一路走到底，却没承想，一次跨学科的比赛让我对道德与法治这门学科产生了浓厚的兴趣。之前的"不务正业"让我积淀了更多能量，这样综合性、实践性强的学科深深地吸引了我，燃起我奋斗的激情。我把它播撒在教学的土壤中，长路漫漫，找到目标，我潜心耕耘，向着明亮那方前行。

及时当勉励，江河无停流

枫不经霜叶不红，成长就是一个苦乐并存的过程。变换跑道后，我曾因学科专业能力不足而不敢尝试，也曾因工作繁忙而想逃避。校领导鼓励我，要把参加各种教学比赛并努力取得好成绩当作练内功、丰底蕴、强力量的重要途径。确实如此，感到艰辛的时候往往就是进步最快的时候，多啃"硬骨头"，多接"烫山芋"，多当几次"热锅上的蚂蚁"，守着一点拙气的莽撞，有时会有最质朴的获得。

回想起自己参加晋江市第一届教师教学技能大赛的情景，历历在目，它为我吹起了成长的号角。片段教学、听课评课多方面的展示，也预示着备赛的艰辛。一次次备课熬至深夜，一次次模拟片段教学，我潜心研究着。当我觉得自己准备得差不多时，在学校组织的小组模拟练习中，我又一次次发现自己的不足。"你的评价语言可以更丰富""你可以向蔡老师学习一下，更亲近学生一些""英语学科的老师更有活力，这样的课更吸引人"……一次次聆听教诲，一次次重振旗鼓，我如海绵吸水般汲取知识、不断成长，第一届大赛我荣获一等奖。此后的四年里，学校更是搭建了各种平台，开通了多种渠道，让我不断成长、不断蓄力。值得一提的是，我更是在时隔四年后的晋江市第三届教师教学技能比赛中，斩获特等奖。

我想，每一颗种子，与泥土共荣，汲取能量，才能岁物丰成。而我在华泰实小这片成长的沃土上，获得了更加厚实的滋养。带着诚意满满，走得慢也好，步子小也罢，只要是在往前走就是好的。

人心向暖，岁月情长。在华泰实小，总有一种力量鼓舞着我，总有一种温暖包围着我，总有一种光指引着我。在追光而行的过程中，有热血，有感动，有领导的关怀，有同事的帮助，也有自己的艰辛努力。内心坦诚，铭记善意，我不仅仅是幸运的，更是幸福的，成长虽难免有磕绊，但总会有一双双无形的手扶着我一步一步向前。

"衣沾不足惜，但使愿无违"

人们常说只要用心，没有什么事做不好。但若想用心，前提是要有发自内心的喜欢。任凭时光匆匆，难得的是还可以一直保有对教育、对学生的初心。我很喜欢华泰实小恭礼校长朴实而深刻的假设，"假如我是孩子，假如是我的孩子"。我们希望遇到怎样的老师，那就努力去成为那样的老师吧！

有人问我为什么想当教师，以前我的回答都很含糊，但现在，我的答案很明晰：因为我特别珍惜和孩子们的相遇。相遇是一首歌，是一段缘，我特别珍惜，我愿意化作一道光，照亮他们前行的路，让他们也一路追光。

幸福课程

整合内生的幸福课程

康德说，教育是由个体自我设计、自我选择、自我构建、自我评价的过程，是自我能力的发展，它不是"指令"，不是"替代"，而是"自觉"。推动幸福课程建设正是华泰实验小学的"自觉"行动。

2013年9月，华泰实验小学一开办，我就开始思索要给这个全新的学校确立何种办学定位，即确立什么"办学主张"。

2013年前后几年，"办学特色"在全国成了热词，于是，"千校一面"的"特色办学立校"或"课题研究兴校"的同质化现象比比皆是，轰轰烈烈的现象背后，是绝大多数华而不实的"包装"。开办华泰实验小学前夕，学校筹建组迎来不少关心指导的领导，他们纷纷提醒我，华泰实验小学这所学校很重要，各界人士很关注，你们一定要快速办出特色。说实在的，把一所学校办出特色，说起来容易，做到却很难，它关系到师生的教与学，涉及资金的投入，牵动着师生成长、学校发展的质量，如果没有十足的把握，我宁愿不要"特色"。

那段时间，《国家中长期教育改革和发展规划纲要（2010—2020年）》出台，文件明确提出，学校要"为每个学生提供适合的教育"。提供适合学生发展的教育，就是提供适合学生发展的课程。没有课程作支撑，再好的办学主张也只能是空中之阁、水中之花、镜中之月。

我校的办学主张是从"办学特色"或"课题研究"入手，还是从"课程改革实践"入手，我和老师们经过调研和推敲，决定从"课程改革实践"切入。

为了不让课程改革实践"迷失方向"，从2013年9月至2015年7月近两年时间里，我带领学校行政组成员先后考察了北京、上海、江苏、浙江、广东等地的多所名校，对在课程改革实践方面做得比较成熟的学校进行全面的了解和研究。其中广东省东莞松山湖中心小学的"基于生命哲学的学校课程再造，构建全人课程体系"的实践，让我深受启发。我们幸运地找到了学校办学主张可以学习的"实践样本"。

2015年8月，我校提出"做实基础型课程，做精拓展型课程，做活体验型课程"幸福课程建设体系理念，邀请部分专家、教育主管领导、家长代表、全体教师，对"幸福课程建设体系之拓展型课程开设"进行全面论证。通过论证，我们形成了课程建设重构共识：课程建设是学校教育的主要载体，将外在"给定的课程"改造为"内生的课程"，这是学校办学主张的使命。我校计划要开设的内生课程就是将综合实践活动、地方课程和校本课程，结合部分国家课程进行整合内生，拓展成"一手硬笔好字、一项运动技能、一门艺术爱好、一个阅读习惯、一种探究精神"等"五个一"课程。

一手硬笔好字（人人练字）由语文、书法、美术学科拓展而来；一项运动技能（人人跳绳）由体育学科拓展而来；一个阅读习惯（人人阅读）由语文学科拓展而来；一门艺术爱好（人人陶笛）由音乐学科拓展而来；一种探究精神（人人探究）由科学、数学学科拓展而来。"五个一"课程计划一至六年级全都开设，全体华泰学子人人参加。

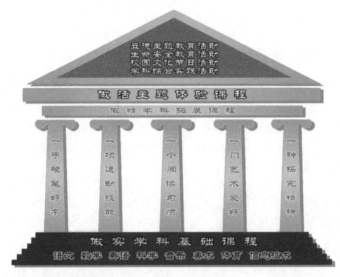

第一个五年发展规划图

学校开办第三年起，我便下定决心，把课程建设当成学校品牌发展的杠杆。为了让学校幸福课程建设走深走实，我确立将"'幸福课程建设'之学科拓展型课程的有序推进"作为课题研究，向福建省课题研究规划办公室申报了项目，获得批准。

读到这里，您可能会发出疑问，这五项拓展型课程建设好是好，但项目这么多，加上本来就有那么多国家课程，孩子们学得完吗？他们会不会负担过重，反而失去学习兴趣？特别是面对"双减"政策，是不是会事与愿违？对于这些顾虑，我早有思考。

在扎实推动"幸福课程建设体系中的五项拓展型课程"的过程中，我们始终注意先激发孩子们的学习兴趣，提高他们的学习技能，通过技能与兴趣的相互影响和促进，达到技能与兴趣共进的效果。技能与兴趣互促有三个阶段：第一阶段是兴趣先导，兴趣是媒介，是平台；第二阶段是技能驱动，技能是保障，是动力；第三阶段是技能、兴趣共进，技能养兴趣，兴趣促技能。在技趣互促的实践过程中，我们淡化学校功利色彩，重视每一个孩子的参与，珍视每一个孩子的潜能。在五项拓展型课程建设中，我们并没有增加孩子们的课时，而是采用整合式、融入式的方法，更多的是让孩子们感受、体验。到了高年级，一旦孩子有一个比较突出或特别热爱的项目，我们就支持他走向"专一"，允许他淡化其他项目的学习。

值得一提的是，我校许多老师在五大项拓展型课程实施中，慢慢地从一专转变为一专多能，音乐老师会书法、懂阅读，体育老师会吹陶笛，语文老师成为跳绳高手，他们的课程意识与课程执行力普遍提升。许多华泰学子的多样素养得以显现，既是跳绳高手又是数学能手，既能写一手好字又能吹一支好笛，既是阅读达人又是科学爱好者。华泰校园里，师生们有成就感，有获得感，也就有了幸福感。

练好一手字，妙笔写人生

汉字是世界上最美的文字之一，每一个汉字的精心书写都能体现出文化。文字凝聚着民族的灵魂和精神，应当代代传承和发扬。"字如其人"，一个人写的字就是这个人的气质，养成良好的写字习惯，将使人终身受益；具备一定的写字技能和书法欣赏能力，是现代中国公民的基本素养，也是人"多元发展"的体现之一；能写一手好字，将受人尊重，使人快乐，令人幸福。而现实中，汉字的书写，正被弱化，从普通的笔尖到熟悉的键盘，汉字书写方式发生了本质的变化，这种变化冲击着汉字的书写，对汉字文化的传承影响巨大。

华泰实验小学开办不足三个月时，我写了下面这篇校长日记。

书写习惯是一辈子的事

上个月，华泰实验小学学生发展处用五个下午的大课间活动时间开展了"音乐才艺展示周"活动，受到了许多家长的好评。不少家长说，学校很用心，让这么多孩子有上台锻炼的机会，这是许多学校做不到的。当然，这次筹划并配合组织活动的老师工作量很大，活动让他们很疲劳，但他们觉得很有成就感，因为他们让185名孩子有了"上台"展示自己的机会，数量占全校人数的一半以上。我想这就是学校组织者站在"六年奠定幸福人生"办学愿景的角度去思考问题的一种突破，这种突破是需要勇气和决心的。

这个月，华泰实验小学教务管理处又推出了"百人硬笔书写"比赛，说是百人，其实是学校学生全员参与，因为全校第一批学生只有314人。"全员参与"又是筹划者站在让更多学生发展的高度来考虑问题的一种办学理念。

对于书写，我个人还是有较深思考的。23年前，我就读普师专业，一进校就迷恋上了书写，当时"三笔字"是中师生必须练的重要教学基本功。同一批师范生，经过三年的书写学习训练，写"三笔字"的水平还是很不一样的。有的水平相当高，有的水平较高，有的进步不小，有的原地踏步，我认为这是个人对书写方法的掌握和书写习惯的差异导致的。我算是书法水平较高的那一类人，因为我有幸跟随正规的书法老师学习，加上自己特别喜欢，以及勤奋训练。记得教我们书法的老师姓康，是一个惠安人，教学很专业，对我们要求十分严格。康老师一直强调，掌握书写方法很重要，但良好的书写习惯同样重要。向康老师学习书法的人如果进步不明显，大部分都是书写习惯不好，一直没有转变过来，制约了进步的空间。

从中师毕业，我一直没有放弃对书写的训练和研究。在做好学校管理工作的同时，我最喜欢的就是每周能兼任几节书法课，有时还会亲自担任书法社团的教学工作。20多年的书法学习和多年的书写教学，让我更加坚信，练书法要先培养习惯。良好的书写习惯太重要了，必须从小培养。一旦养成不良书写习惯，往往不好改变，将大大影响书写效果。

今天的百人硬笔书写比赛开始了，我拿着照相机兴致勃勃地到每个班级去拍孩子们的书写情况，看到每个孩子都能安静地书写，心里特别高兴。抓拍孩子们的书法作品的同时，我发现孩子们的书写习惯很不理想，小手、小脑袋、小腰板，"多姿多样""五花八门"。于是我的拍摄镜头从书写作品转向了孩子们的书写姿势。变形的握笔、低斜的脑袋、弯曲的小腰，让我十分"揪心和不安"。

在书法教学上，古代书家和现代书家总结提炼了不少规范的书写姿势，比如，"眼离书本一尺远，胸离书桌一拳远，手离笔尖一寸远"的"三个一"口诀；"头正、身直、臂展、足安"的书写姿势四要素等。但从比赛现场来看，书写姿势变成了"各式各样"。当然，这是有原因的，我分析了一下，有以下几个方面。一是许多小孩子3周岁就开始进入幼儿园，许多幼儿教师很快就教他们写汉字，有的幼儿教师还以幼儿会写很多汉字为荣，殊不知3—5岁的小孩子其实是不适合握笔写字的，因为他们的手指骨头还很软，写着写着就会出现错误的执笔方式。二是许多小孩子在幼儿阶段就被家长带去学画画，而绘画课必须拿画笔，有的画笔做得特别粗特别重，孩子们只能用小手指紧抓"大画笔"狠狠地在纸上"搓啊搓"。久而久之，小小手指就有了自己的握笔"习惯"。还有不少孩子由于长期握笔"搓画"，手指拿笔已经变形，结果他们拿什么笔都是"死死地抓住"。三是我们还有许多小学教师对正确的书写姿势并不内行，许多小学教师本身就有不良的书写姿势。他们的书写能力缺失，也就无法很好地指导学生正确地书写，这也是最大的"问题"所在。

这一次的百人书写比赛，是华泰实验小学开办以来的第一场书写比赛。作为校长，开办这所学校时，我就已经想好，一定要认真抓好华泰师生的书写工作，全员抓紧，一个不落下。

那么，良好书写习惯的培养一定是这项工作中的重要策略。良好的书写习惯将让孩子们受益终身，良好书写习惯的养成也是一辈子的事。我一定要紧抓写字教学这项工作，尽最大的努力让华泰学子们写好汉字。

2013 年 11 月 25 日

"六年，让每一个孩子写一手硬笔好字"是华泰实验小学的培养目标之一，也是学校办学目标"六年奠定幸福人生"的诠释之一。为了兑现此项培养目标，我们把"一手硬笔好字"作为一门独立的拓展型课程来开设，同时把它纳入学校幸福课程建设体系之中。

在 2014 年 8 月下旬，学校开办的第二年开学前夕，我们还没有提出幸福课程建设体系理念，出于对写字的特殊情怀，我就率先向全体华泰师者倡导这样的理念——"老师，您的一手字能影响三代人，请您一定要把字写好！"，并正式启动华泰实小教师书写全员培训，一培训就是八年，雷打不动，没有停止过。华泰师者的书写培训的形式比较多样，有"全员培训、分层培训、一对一辅导、俱乐部招募培训"。通过不间断的培训，初步激发了全体教师对写好汉字的热爱，让教师们从"要我练字"向"我要练字"转变。

教师书写培训

　　转变是如何自然而然发生的，您不妨读一读以下华泰师者练习书写的感悟文章，答案尽在其中。

"待到山花烂漫时，她在丛中笑"

王晓龙　华泰实验小学书法专职教师、福建省书法家协会会员

王晓龙老师

2013 年 7 月，我报名参加了华泰实小这所新学校的教师公开招聘，成为这所学校的首批教师，还如愿以偿地成为专职书法老师。为庆祝学校开办，华泰实小举行了一场泉州地区中青年书法名家作品收藏展，当地名家尤慎、林景辉、张聪明、许贻群、龚子猛、颜晓军、黄加忠等众多书法家的作品在这所学校展出。这么高规格的展览在一所小学里举办，绝非简单之事。后来，我了解到王恭礼校长对书法的热爱与用心。那个时候，我就想，王校长一定会大力开展书法教学的，会让华泰师生爱上书法的，会要求师生练就一手好字的。

2013 年 9 月开办的华泰实小，确立了"幸福教育"办学理念，提出了"六年奠定幸福人生"办学愿景。两年后的 2015 年 9 月，学校举行"幸福课程建设之拓展型课程开设"论证会暨办学两周年反思研讨活动，许多专家受邀到校参加论证会。被校长直接指定为"一手好字"课程组组长的我，上台作了论证报告，论证会上我提出"六年，让孩子们写一手硬笔好字"的课程建设目标，受到了肯定。我还详细介绍了实施策略——不折不扣地执行每周 1 课时的书法长课，全面设置每天 18 分钟的午间写字短课，做到天天练、日日写。2015 年秋季，我校正式走上了"一手硬笔好字"拓展型课程建设的探索之路。我组织书写课程组全体成员到广东东莞松山湖中心小学取经。此次松山湖之行，让我坚信让每一个孩子写一手硬笔好字并非简单的事，但绝对是一件有意义的事。

"六年让华泰学子写一手硬笔好字，是我校对家长的承诺；写字就像是让孩子们做广播体操，而书法则是让孩子们做艺术体操；在一所学校里教三五十个学生把字写好，成为书法高手，参加比赛拿奖并不难，难的是让全校的学生都能把字写好；我们华泰实小就是要做对全体学生负责任的事，而不仅仅是培养几个书法精英。"这些愿景，是王校长一直向我传递的理念。

王晓龙老师的书法作品

六年让华泰学子写一手硬笔好字，谈何容易。作为课程组组长，我感觉责任重大，但是，既然承诺了，我必须立即行动，马上开始。

积极带头培训师资

开展全校性的书写教学，只靠一两个书法教师，是远远不够的，必须让全校教师人人都是"书法教师"。于是，我提出了华泰教师"必须人人懂写字教学，必须个个会示范写字"。只有这样，全校性的课程建设才会更有保证。具体如何实施？一是开展校内培训。2015 年秋季，我向全体教师推出"每周一训"教师书写培训活动，利用每两周一次的教师例会前的 8 分钟给教师提供书写全员培训。谁来教？由我和学校另外一个书法老师当教练。二是开展写字微课堂模拟。教会教师上完整规范的书法短课，掌握课型，熟悉流程，做到人人都会教。三是推行教师书写考级制度。让教师强化自身书写训练，训练内容含钢笔、毛笔、粉笔三类。一步一步地提升，切实提高书写能力。四是定期开展教师书写比赛。通过比赛，学校表彰优秀书写者，树立典型，人人效仿。五是开展结对帮扶。书写水平高的教师指导书写水平弱的教师，一对一指导，点对点帮扶，手把手辅导。六是开展书写专项集训。从 2017 至 2021 年，我们利用每学年的学期末至暑假前的几天，连续举行五期华泰师者书写全员专项集训，每期集中五天，先后邀请中国书协会员许贻群老师、郭怀望老师、黄加忠老师、郑美凤老师等书法家为我们培训。七是培养书法教学"校内专家"。学校派出柯尊敬老师、杨绍华老师、庄娇龙老师以及我本人先后参加晋江市教师进修学校与长汀县中国书协培训基地合作举办的"晋江市中小学书法教师师资培训"。学校通过高端培训，成就校内最好的书法教师。

技能技法的学习只要坚持不懈，定能收获好的成果。几年来对教师全员书写培训的"锲而不舍"，使得华泰师者们从书法"门外汉"慢慢走进了书法"大世界"。他们对书法中的笔画轻重、线条质感、结构布局，有了较深入的了解，临摹、创作能力迅速提高。大家拓宽了书法视野，也初步尝到了书写带来的乐趣。老师们对这门课程的建设越来越有信心，他们从"要我写字"转变为"我要写字"。值得一提的是，许多老师把书法教学视为一种乐趣，把书法变成自己的爱好。

用心投入教学研究

我深知要像蒲公英一样向孩子们传播书写种子，个人必须有过硬的书写本领。近几年来，我四处拜师学艺，多次参加各级名家举办的书法培训，也曾只身一人坐大巴到南宁、长沙去观摩高级别的书法展览。学校的学生书法教室成为我提升书写水平的场所，每日训练到深夜是常有之事。正因为自身热爱书法，我苦在其中、乐在心中。不懈的努力使我有了可喜的收获。2018年9月，我光荣地加入福建省书法家协会；2019年10月，我的书法作品入选"中国书法·年展"楷书作品展；这几年，我在教育部门举办的各种书法比赛中频频获奖；我主持的晋江市级小课题"运用古代碑帖指导规范字书写的研究"以良好等级通过了结题验收，这是我校第一个市级书法类的小课题研究，也是晋江市唯一一个书法学科小课题。校长表扬我："晓龙老师用科研提升了自己，造福了学校。"

除了研究教法，我还带领课程组成员研究教材。2015年，我们课程组经过半年研究，编制了学校第一套《一手硬笔好字》教材，共六册，一个年级一册。如第六册为六年级学生使用，从楷书过渡到行楷，加强学生书写速度的指导。这套教材的书写内容紧紧结合语文课本里的内容，每个字都是从课文里的生字词里"抠"出来的，深受学生和教师喜爱。语文教材改为部编版后，我又迅速组织课程组对《一手硬笔好字》进行改版，及时调整教材内容。很快，新版的《一手硬笔好字》又研发成功并投入使用。为了紧紧配套书写，我还主动研究学生的书写纸。华泰实小学生书写纸设计更新了两次，第一次为16开书写纸，第二次为32开书写纸。32开书写纸蕴含玄机，可以让学生在18分钟短课里完成一件作品，格式规范又灵活。

这几年，通过"草根式"摸索，我提炼了不少本土的独特教学法，如"观、写、评、改"的教学模式，"静近慢准"的临帖要诀，"头正、身直、臂展、足安""笔尖指向11点钟方向""食指稍前留点缝，指离笔尖三厘米，笔杆放在虎口上，掌心空空手腕灵"的书写口诀。口诀字字精准实用，句句规范到位。不仅有口诀，课程组还精心设置了孩子们书写时的写字背景音乐，《一叶如来》《水墨兰亭》《琵琶叶》《陶笛之音》，静心音乐让人心旷神怡，犹如春风拂面，让华泰学子们沉浸在边书写边赏乐的趣味之中。

"致广大而尽精微"。在学校"一手硬笔好字"课程建设中，我默默耕耘，不断向前探索。近年来，我还积极向学校建议把"一手硬笔好字"升格为"一手好字"，让写字教学更普及化、更全面化、更实用化。毛主席在《卜算子·咏梅》中写道："俏也不争春，只把春来报。待到山花烂漫时，她在丛中笑。"我想，华泰实小的"一手好字"课程建设一定会扎扎实实，山花烂漫。

是这里造就了我写一手好字

吴雅婷　华泰实验小学语文老师

"你的字写得怎么样啊？"六年前，我来华泰实小参加教师竞岗面试时，王校长的这句话至今令我难忘。那时我便知晓，校长要求这个老师不仅要会教语文，还必须会写"一手好字"。

刚到这所新学校，本以为自己的字写得还算不错，结果发现身边高手如云，不仅书法老师、语文老师，就连体育老师、音乐老师，都能写一手好字。于是，我萌发了一定要好好练字，成为高手的意念。

这几年，我不断琢磨写字，研究如何教写字，"成为写字高手"这个梦，路虽远，但已启程。

初识"一手硬笔好字"

最初接触学校"一手硬笔好字"这一门拓展型课程，是看到华泰实小公众号上的一篇文章——《全体教师参加硬笔书法等级测评》。这是我对这所学校"一手硬笔好字"课程，对华泰师者写一手好字的初步印象。我还了解到，这所学校在每个学期末，不仅要考核孩子们的书写，验证一个学期来的进步与收获，还要考核老师们的写字。在文章里，我看到华泰老师们一张张书写好看的字，惊叹于老师们的字或沉稳或大气或洒脱或遒劲，各具特色，令人赏心悦目。

华泰老师们的字为何写得如此好呢？原来这个学校有午间写字课，每个老师都是学生的"书法老师"。在短短18分钟内，他们都要亲自示范，黑板上的字无不彰显他们过硬的书法基本功。这岂是一朝一夕能成就的，必定是一点一滴练就而成的。同行的路上，有那么多热爱书法的优秀老师，我更加坚信，我该继续写好这一手字。

吴雅婷老师的书法作品

珍惜每次成长机会

来到华泰实小工作后，我才发现校领导是那么地重视"一手硬笔好字"。学校鼓励老师们平时练好字，用心创造各种学习提升的机会。学校会利用每两周教师例会前的时间开展一次"写字教学片段模拟"培训。当我以一个学生的身份坐在台下听着恭礼校长、晓龙老师、尊敬老师等导师亲自示范写字片段教学时，我这个门外汉终于摸到了上好写字课的门路。

每天中午的这18分钟写字课说长不长，说短不短，该如何把握这宝贵的时间呢？如何给孩子们呈现一节好的写字课呢？导师们的写字教学片段模拟给了我很大的启发，让我很快掌握这种技法。这样的练功机会，对于初到华泰实小的自己是很难得的。

后来，我慢慢地学会上好每一天的写字课。每节写字课前，我总会先陪孩子静下心，静心是写好字的前提。当孩子静下心来端正坐姿时，我们才开始书写之行，从基本笔画开始，到相对应的字的书写。在孩子写字的过程中，我走下去，时而停步观察他们的书写情况，时而提笔在他们的纸上进行范写，最后还会拿着孩子的作品进行点评，与孩子一起分享、交流心得。18分钟的写字课十分紧凑，流程清晰，有的放矢。

当然，要上好这18分钟的写字课，教师书写基本功必须过关，只有能写好自己的字，才有底气教好别人写好字，所以平时的练功不能少，需抓紧，要珍惜。

每学年的暑期前，学校都为我们邀请书法导师进行集训。每次集训我都特别珍惜，恨不得一天写24小时，不吃不喝不睡觉，全身心投入。来华泰工作后我共参加了四期大集训，每期都有进步。从硬笔到软笔，从书写到模拟教学，一项一项突破，一层一层进步，进步带来自信，自信带来快乐，快乐带来幸福。

感恩身边领路的人

在这几年的书写过程中，我对软笔的提升是最有感悟的。软笔练习方面，我临的第一本古帖是文徵明的《离骚经》。刚开始接触《离骚经》，我还是找同办公室的李彬彬老师借的。我们办公室的老师，基本人手一本适合自己临摹的古帖。受他们的影响，我也从《离骚经》开始我的临摹。一开始写软笔字时，我不能很好地控笔，不懂笔画的轻重变化，不懂主笔的突出，不懂结构的安排，不懂临古帖要先读帖，要去发现每种字帖的不同。但坚持练习后，我逐渐学会了控笔，懂得了把握笔画的变化和结构的安排，就这样我慢慢喜欢上了毛笔书写。

而毛笔书写方面，我最早接触的是小楷。写小楷是受同事柯尊敬老师的影响，他是福建省书法家协会会员，在我市教育界是出了名的小楷字书写高手。看他的小楷作品，就像在欣赏美景，是那么雅致、那么秀气。拿起他的作品我总是爱不释手。接触了柯老师的字，我没有任何犹豫，直接拜他为师。在师父的引领下，我很快上路。一开始，我写的笔画并不稳当，但坚持每天一练，一天一张，有时甚至不止一张。从与临帖有几分神似，到越来越像，我慢慢进入状态，写软笔小楷成了我教学工作之余的一种"享受"，它使我平静，令我安心。

享受写字的一切过程

再后来，我发现写字也是治愈心情的良药。喜欢上写字后，我的办公桌、学校宿舍、家里书房都会备上一份书写工具，甚至每天带进班级的书本教案中，都会夹带着练字的本子。我会利用各种空闲的时间，或是课间10分钟，或是中午、晚上休息的时间，坐在桌前，静静地写。

如果你问我来到华泰实小最大的收获是什么，我会不假思索地回答——喜欢上了写字。真的是由衷地喜欢，最开始是一种责任、一种任务，后来是一种动力、一种追求，到最后是一种享受、一种快乐。

感谢学校，是这里造就了我写一手好字。

一个音乐老师对写字的自问自答

黄湘瑜　华泰实验小学音乐老师

音乐老师会写字就好，为什么要写好字？音乐老师为什么还要参加书法培训甚至教学生写字呢？书法教学不是书法老师的事吗？学生的书法教学为什么要求全校老师齐抓共管？书法教学为什么成为一门重要课程？一个小学校长，为什么如此重视小学生的书写呢？……这些问题在很多人面前是不可思议的，但在华泰实小，是有答案的，而且答案耐人寻味。

九年前，我从师范大学毕业，来到了新开办的华泰实小工作。一切都是那么新鲜，学校的各种规章制度、各种教育理念填满了我的脑袋，而与我固有认知相差最大的当属"写字"这件事。所以就有了开头一连串的疑问。然而在这九年多的时间里，我的那些"为什么"早已没了踪迹，

看见幸福——教育的积极力量

取而代之的是理解，是感动，更是钦佩，原因且听我娓娓道来。

我曾经是个写字无章法的音乐老师，写字无章法就像唱歌不着调子，是一件多么糟糕的事。我的父母忙着生计，我们家几个兄弟姐妹从小算自觉，学习上的事从没让他们操心过。可就是我们的字写得太不尽如人意了，父母对这方面没有要求，当然他们也不知道书写对人一生的影响。后来我读了小学，那时的小学没有专门的书法课，写字是语文老师顺便教的，许多语文老师也仅仅是教教笔画笔顺。再后来上了中学，发现身边好多同学的字写得很漂亮，我才发现小学没有练字太可惜了。然而那个时候我对写好字只是一种感觉，依然没有意识到写好字的重要性，也不知道写好字是需要方法的，是需要日日月月沉淀的。

可如果我当初在一所严格要求书写的学校学习，我还会在长大后懊恼自己小时候没好好写过字吗？答案显而易见，是不会的！华泰实小一开办，王恭礼校长就开始营造书写氛围，要求学生从一年级开始学写字，要求书法老师抓书法，语文老师也要抓，全校所有的老师共同协作抓。

开展写字教学，学校有一套教学程序。首先写字从坐姿开始，"头正、身直、臂展、足安""不坐好不写字，不安静不写字""态度第一位""写字先静心"。紧接着从规范执笔做起，"找准四点记心中，食指稍前留点缝，指离笔尖三厘米，笔杆放在虎口上，掌心空空手腕灵"，用朗朗上口的要诀，代替枯燥的说教；教师们大胆示范，引导孩子们细心观察书写过程；孩子们用心书写，做到"静、近、慢、准"；然后师生进行评价、交流、讨论；最后，孩子们的书写获得评级。这样的写字课有固定的流程，规范有序，富有成效，教学便轻松自如。

但说起来容易，做起来难，书法教学对于书法老师来说固然简单，语数老师似乎也能应对，但身为一个音乐老师，我却十分忐忑。

学校安排我参加班级午托，每周有两次，午托任务除了组织孩子们用餐、写作业、午休，还包含18分钟写字课，所以我成了午间书法老师。接手午托，就意味着要会教孩子们"书法"，这让我很为难。但校长给我的指令是：快快练起字来，快快模拟教学，学会教书写，你就多了一项才艺，你就是"双标"师者。

就这样我开始正式练起字来。华泰实小虽然刚开办不久，但教师队伍当中有不少书写高手，还有省级书法家，我向他们学，不会错，更快捷。从2014年开始，我再也没有停止过练习写字。如今，练琴、练唱、练字，成为我的"家常饭"，我的字越写越规范，越写越自信，越写越开心。现在我对写字的热爱也影响了我的儿子。有一次，我在家里练习写字，我那连筷子都还拿不稳的儿子竟要求我把纸笔给他。我拿了一页古诗字帖给他临摹，没想到他依葫芦画瓢，从头到尾竟然"画"完了。虽然每一笔每一画都是歪歪扭扭的，但是我看到了他端正的坐姿和专注的眼神，这让我强烈地意识到言传身教的重要性。这也不禁让我想起校长曾经鼓励我们的一句话："老师，您的一手字能影响三代人，请您一定要把字写好。"

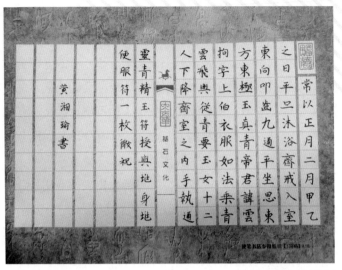

黄湘瑜老师的书法作品

也是从那个时候开始，我在午托写字课上，能壮起胆子教孩子们写字。从紧张到从容，从不安到自信，现在的我，再也不害怕"一手硬笔好字"课程了。每一次午托，我都准备充分，有模有样地进行教学。每当这个时候，我都感觉我不是一个音乐老师，而是一个地道的书法传播者。

值得一提的是，2020年暑假前的几天，我参加学校举办的书法集训，我的作品还获得校级评选三等奖。我成了音乐学科里的优秀书写人，我十分高兴，有了从未有过的成就感。

华泰实小的"一手硬笔好字"，以前我感觉这不是我的事，现如今，我感觉这是一个音乐老师分内的事，我愿意参与其中，也乐在其中。

看了以上几篇文章，您也许会发现我倡导的坚持教师全员书写培训其实遇到不少挑战。在推行的过程中，有的老师会认为，一个学校的书写教学是专职书法老师的事；有的老师会说，孩子们的书写最多是语文老师的事；有的老师会问，我不是书法老师也不是语文老师，为何要配合教孩子们写字；甚至还有的老师会抱怨，都进入信息化时代了，都无纸化办公了，为什么还要那么重视写字。

这些观念和观点或多或少阻碍了我校"一手硬笔好字"幸福课程建设的进程，但我义无反顾，从未动摇。

回到教师书写培训这件事上来。如此坚持不懈地开展教师书写培训，促进我校一大批教师从"书写门外汉"慢慢走进"书法大世界"，对书法中笔画的轻重、线条的质感、结构的稳重有了全面深入的了解，他们的临摹、创作能力迅速提高。目前，学校许多教师从单项学科教师转变为能兼教书法的教师，不仅书法老师、语文老师擅长教写字，数学、体育与音乐等学科老师也能写好字、教写字，他们的课程意识更多样了，课程能力得到普遍提升。

"一手硬笔好字"的课程由语文、书法和美术学科整合拓展而来，在一至六年级全面开设。这样的设想很美好，但市面上没有专门的配套语文教材的字帖，国家也没有专门编写。于是，我想到了自己研发，大胆编写，我亲自组建"一手硬笔好字用书编写小组"，任组长，两位专职书法老师任副组长，六位语文老师和两位美术老师为成员。我们买来了市面上多种硬笔书法字帖进行比对，找来了12册语文教材进行筛选，在"一手硬笔好字"课程组成员的共同努力下，我们结合语文教材里的生字、生词，编写出一个字一个字"抠"出来的字帖，命名为《一手硬笔好字》，共六册，每学年使用一册。每册用书内容涵盖基本笔画、偏旁部首、间架结构、布局谋篇；要求学生先描红，后仿写；要求教师先范写，讲解书写要领，再引导学生观察范字在格子中的位置、大小、笔画和间架等；还要求学生在描红时先看准笔形和记住笔路，对运笔的轻重、快慢、起止等做到心中有数后再书写。字帖设计精美，每课时还配有插图。

《一手硬笔好字》字帖

"一手硬笔好字"课程有两种课型：一种是每周只有1课时的书法课（国家规定的课时），时间为40分钟，我们称其为"长课"；一种是每天午间一节写字课，时间为18分钟，我们称之为"短课"（这是我校自己创设的）。不论长课或短课，我们都对全体执教老师进行了统一要求。这里我要特别说明为何我们要增设18分钟短课。国家对学校开展写字教学越来越重视，从2010年开始，小学三至六年级设置了书法教学1课时。但每周只有1课时，只能普及一些基本的书法知识，根本达不到训练技能的目的，更谈不上技能得到巩固。有过正规书法训练的人都很明白，训练书写最好的手段就是"天天练""日日写",才能不断积累技法,真正提高书写能力。所以,根据我校的校情,我们决定从每天午托的时间里抽出 18 分钟,全校同时同步开展书写教学。全校同时开展,谁来教学呢?我让当天看管午托的教师来教学(全校教师都会轮流看管午托)。看到这里,您就会明白,我为什么要开展教师全员书写培训了,这是有"良苦用心"的。一个教师能把汉字写好,写得专业,就能教学生正确写字,哪怕他是一个体育老师。

全班学生认真写字

　　　　　　　　看见幸福——教育的积极力量

写字教学，不仅要教给孩子们规范的写字方法，而且要培养孩子们良好的写字态度。保持正确的书写姿势就是一种良好写字态度的训练。坐姿不正确，久而久之，会影响孩子们的身体健康和气质形象；执笔不正确，会严重影响他们的书写速度和写字质量。所以，我要求所有执教者，每当开课之时，都要强化孩子们的书写姿势（如坐姿、执笔和运笔）训练，指导老师要在课堂中不断地巡视、纠正。书写姿势要从小抓起，一年级新生入学第一个月，我们都要进行低年级的写字姿势专项训练，如"不坐好不写字，不安静不写字，不执好笔不写字"。一点一点纠正，一天一天强化。"一手硬笔好字"课程小组更是集中力量，进行督查，直至孩子们基本达到规范为止。为了让教学更方便，我们还自主研发了一套"快乐习字"软件，执教者打开教室的多媒体，便可以直接开始教学。人机结合，让学校"一手硬笔好字"课程建设更加便捷有效。关于书法教学经验，我附上两篇专职书法教师的文章，与大家分享。

以研究之精神教写字

柯尊敬　华泰实验小学书法专职老师、福建省书法家协会会员

2015 年 8 月，入职华泰实小的第一个全体教师例会后，王校长把我单独带去办公室，我俩促膝长谈。他谈到招聘我来这所学校的初衷，说十分期待孩子们在华泰校园里能写得一手好字，带着这一手好字毕业。他希望我能发挥书法专长，带领全体华泰师者和学子实现这样的愿望。

带着王校殷切的期待，那段时间我常常辗转反侧，陷入

焦虑之中。王校长不简单啊，与别的校长不一样，他要的是全体学生把字写好，而不是只挑几个优秀的学生，获得几个奖。既然是这样，没有退路，只能前行。

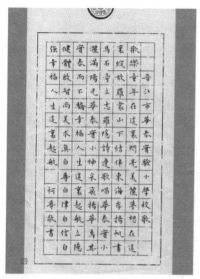

柯尊敬老师的书法作品

从 2015 年到 2022 年的七年里，我和所有华泰师者们一起，为了"让孩子们写一手好字"，开了不知多少探讨会，上了不知多少教研课。在实施建设的过程中，我们不断地发现问题，调整策略，解决问题。现与大家分享对学校师生影响最深刻的几个做法。

一、结合实际，创编教材

要想做书写课程，第一件事就是要有一套适合自己学校师生使用的字帖。经过讨论，我们决定不买市场上现成的，而是大胆编写，使内容紧紧结合语文教材，每一个范字来自课文里的生字，字帖就叫《一手硬笔好字》。为了这套教材，课程组成员翻阅了大量的教学字帖，取之所长，为我所用。在全体编委成员整整一年的努力下，《一手硬笔好字》一至六册相继出炉，2021年还进行了修订。精美的图案设计，独到的技法说明，受到老师和孩子的喜爱。字帖有以下特点。

一是内容丰富。每单元以"观其形、学其法、练其技、学以用、评其书"为框架，穿插"执笔及坐姿""小百科""国学经典"等。学法上配以朗朗上口的儿歌、口诀。图文结合，简洁明了，注重实效。

二是循序渐进。教材以规范字为主，共六册。一至五册为楷书，六册为行楷。从三年级起，每册书后附上历代名家小楷，如钟繇的《宣示表》、文徵明的《离骚经》、王宠的《游包山集》、王羲之的《黄庭经》等经典名帖。教材既面向全体，循序渐进，又满足优秀学生再提升的需求。

三是实用性强。我们为每一个笔画、偏旁编了口诀及书写示意图。本套教材针对小学生的年龄特点，回归传统，特别注重描红。先描红后临写，大大提高了练字的效率。同时，教材与语文课本同步，把大部分课文生字编入教材中。

四是书法味浓厚。本套教材格调高古，书法味浓厚。封面以"一手硬笔好字"为题，背景是本土书法家尤慎书写的《少年中国说》书法作品，范字出自当代名家作品，规范而又高雅。

二、规范双姿，掌握诀窍

自《一手硬笔好字》校本字帖编写出炉后，我和课程组成员们边实施边研究，边研究边调整，在教学教法上不断进行突破。

首先是规范双姿。写好一手硬笔好字的首要条件是规范双姿。头正、身直、臂展、足安。我们要求学生安足端坐，背直肩平，挺胸微俯，头端纸正，左手按纸，右手执笔，双眼距纸面一尺左右，这样才会使全身部位感到舒展、灵活、轻松。规范的双姿需要老师反复提醒、强调纠正。从学生一年级入学时，我们就重视让学生掌握好正确的双姿和养成良好的书写习惯，使之"习惯成自然"。

课程组还进行"双姿专项巡查"，每个课程组成员挂靠所分配的班级，负责巡查和指导。不定期在写字课时深入班级，挨个巡视，检查双姿，将不规范双姿记入"黑名单"，让这些学生产生纠正的意识和压力感，并限期纠正。

有规范的写字动作和正确的态度，那么掌握诀窍就能显现水平。我提出了四字诀窍法，深受学校肯定，也得到了全体师生的效仿。

1. 静。静指人静心静，临帖前，须集中注意，端正坐姿，腰自然伸直，膝与肩同宽，身离桌一拳。这样血脉通畅，清气上升，浊气下沉，精神饱满，神闲气定，心无杂念，这是练习硬笔书法的环境要求。尤其是对低年级学生，更应注意让他们静下心来。如果学生东张西望、交头接耳，不但写不

　　　　　　　　　　　　看见幸福——教育的积极力量

好字，还会影响到其他同学。

2. 近。近指把字帖尽量放到书写格子最近的位置，这样才能看清笔画轻重及位置，便于对照临写的字与字帖，及时发现问题。初学者应强调形似，再追求神似，不要以临得不似而强说自己是意临。

3. 慢。慢就是临写速度要慢，这个慢是相对而言的，写得慢才能写得似。初学者应放慢速度临写，但要注意慢而不滞，等熟练之后再适当加快速度。我们常说的慢工出细活就是这个意思。

4. 准。准指笔画的轻重、位置准确。这一点须在前面三个条件下才能做得到。初学者须先达到形似，之后逐步掌握书家书体特点，掌握规律，每个笔画的轻重长短、结构疏密的比例应与字帖一致。

三、多元评价，共促进步

书写是一项很枯燥的学习，创新多种评价方式显得十分有必要。几年来，我与课程组成员不断地琢磨，不断地寻求新举措，持续让孩子们保持浓厚的学习兴趣。

学生自评。一单元一次，十星自评。学生从课前准备、规范双姿、专心程度、笔画轻重、结构位置五个方面检查自己的写字情况，为自己打分。

巡视评比。每天 18 分钟写字课，课程组成员都要从教师指导、班级风貌、双姿规范、抽号加分四个方面进行检查评分，每两月表扬评比情况，每学期评出"优秀书写班"。

作业月检。"提笔就是练字时",练字的成效必须体现在日常的书写上。一手好字课程组与教务处牵头开展语数英作业月检。通过每个月的检查反馈,我们及时与老师们交流沟通孩子们的书写成效,分享优秀作业,分析存在问题,落实改进方法,有效地把写字教学与日常书写紧密地结合起来。

一手硬笔好字课程建设实施以来,我也遇到了不少问题或困惑。比如,学生的习字兴趣如何保持?有没有更好的教学法?能不能开发更快捷的软件以配套教学?一手硬笔好字课程如何与其他学科相结合?我想,要解决这些问题,唯有不断地以研究之精神来待之,最终实现"六年,让每一个孩子写一手硬笔好字"。

写好字的"三字经"

王晓龙　华泰实验小学书法专职老师、福建省书法家协会会员

中国人	了不起	方块字	有魅力	甲篆隶	楷草行	千百年	传美名
咱华泰	书香气	少年说	真大器	校领导	重写字	师生们	共合力
课程组	巧安排	抓培训	编教材	重研究	建体系	常出新	有本事
日日巡	天天评	有反馈	常反省	黑名单	令整改	白名单	大胆晒
老师们	热情高	练与教	有妙招	修身心	强素养	腹有墨	气自扬
写字课	有模式	观其行	练其技	学其法	评其书	学以用	人人熟
铃声响	快收拾	教室净	桌椅齐	拿字帖	摆左侧	静下来	入角色
头要正	身要直	左右手	呈八字	食拇指	OK状	十一点	不能忘
眼一尺	胸一拳	指一寸	坐一半	脚踩地	与肩平	双姿好	真有型

十八分	不松懈	赏古曲	慢慢写	近字帖	行笔稳	会比对	临得准
点竖捺	指发力	横与撇	腕摆笔	往上弹	用中指	空掌心	易行笔
初入门	笔画起	分轻重	讲缓急	突主笔	斜有度	起行收	细节处
横要平	撇如风	竖要直	提出锋	点如雨	捺有脚	折有顿	钩似爪
讲对称	重心稳	调比例	位置准	左连右	分高低	上接下	中对齐
书法节	年年办	全参与	真的赞	软笔字	线上比	一张卷	拼高低
写卷面	要干净	字规范	笔迹清	格居中	不偏倚	横着写	要整齐
好传统	需传承	小学生	有才能	学书法	贵有恒	写得好	益终生

以上两篇文章，是两位华泰师者在推动"一手硬笔好字"幸福课程建设中总结的写字经验、教学方法。

平时，不仅仅是对语文课和书法课，对数学、英语等学科，我也强调老师们要随时随地指导学生正确的书写姿势，形成各学科齐抓共管、规范写字的良好氛围。

"提笔就是练字时"，练字的成效必须体现在日常的作业本与试卷的书写上。"一手硬笔好字"课程建设伊始，我们就开始实行每月语、数、英三门学科作业书写抽检制度，抽检的作业由自荐作业与随机抽样作业两种相结合。通过每个月的检查反馈，写字课程组及时与学科任课老师交流沟通，分享书写作业优秀之处，分析存在的问题，落实改进的方法，把写字教学与日常书写紧密地结合起来。

实施"一手硬笔好字"拓展型幸福课程中，课程教学评价是一个值得探究的问题。我们探索出以下评价方式：一是实行学生自评，一单元一次，共十星等级评价，学生就在自己的字帖本上进行登记评价；二是实行每日巡视评价，课程组成员轮流到班级里实地检查，从教师指导、班级风貌、双姿规范、抽号加分等方面进行评分；三是实行作业抽评，有自荐作业和随机抽号作业两种，主要针对语文、数学与英语三门学科的作业；四是实行全体等级考级，共分十级评价，师生都参加考级，每年考一次，并获得等级证书，这种评价主要针对专门的作品评价。

这几年，我校拓展型课程"一手硬笔好字"建设在课程设置、教材开发、师资培养、课程实施、课题研究、多元评价等方面扎实推进，取得可喜成果。

如今，走入华泰校园，在有师生书写的地方，都能看到良好的书写态度和规范的书写姿势。学生的平时作业可以随时接受检阅，学生的书法佳作随处可见。

"字正人正"，就像蒋勋先生说的，一个人能把字练好，这个人就能平静自己、修身养性、提升自我，长大了，也就能找到属于自己的那份快乐和幸福。

教三五十个学生把字写好并不难，难的是让全校学生都能把字写好，而我们就是要做对全体学生负责的事，这是我校拓展型课程"一手硬笔好字"建设的最终目的。值得一提的是，近几年，我校"一手硬笔好字"拓展型课程建设把视角放在了全员参与、全员评价、全员提升、全员受益几个方面。比如，开展全校性的语数英试卷书写比赛，通过全员性比赛，我们评出"红名单"，也列出"黑名单"，这样的机制，让课程建设为全体学生负责，让课程凭"良心"建设。

2022年秋季，我校"一手硬笔好字"进一步升级，重新定调培养目标："六年，让孩子们写一手好字"，即"六年，让华泰学子能用硬笔答出一张工整且美观的试卷；六年，让华泰学子能用软笔写好一副春联，春节贴上自己的家门"。2022 年秋，我们第三次修订《一手硬笔好字》字帖，改版后升格成为《一手好字》(硬笔＋软笔)字帖，这意味着，我校这门拓展型课程越来越走向实用化、普及化和审美化。

附：华泰学生习字心得

写一手好字，让我自信满满

倪潇然　华泰实验小学六（3）班学生

书法，是我们中华民族的伟大传统艺术之一，是一门十分重要的课程，作为中国学生，我们人人都要努力学好它。我们美丽的华泰实小，有我喜欢的五大课程：一种探究精神、一门艺术爱好、一个阅读习惯、一项运动技能、一手硬笔好字。其中，一手硬笔好字我特别喜欢。

每天中午，写字课伊始，校园里便会响起悦耳舒缓的静心音乐，此时，我的心便如同湖面一般水平如镜。整个班级里似乎只能听到沙沙的书写声和呼吸声，平时躁动不安、如坐针毡的我也如同音乐一般静了下来，是如此放松。轻轻地推动笔杆，动作一气呵成，一个字便写成了。每当写成一个字，我会对比一下书法字帖里的范字，总感觉欠缺了些什么，于是，我又重新写一个，一个又一个。反反复复比较，在对比中，我的字越来越接近范字，连韵味都越来越像字帖。"叮铃铃，叮铃铃！"下课了，平时感觉时间过得很慢，但在午间 18 分钟写字课时段，我总感觉太快，似乎时钟在这个时刻故意走得很快。每天午间的写字课，我都在享受时光，好像只是推动几下笔杆，时间便如同白驹过隙一般，悄无声息地溜走了。

学校每年都会开展一年一度的校园书法节，书法节有软笔类和硬笔类比赛。每年的书法节前夕，我都会认真准备，加强训练。我已经连续五年参加书法节了，从最初的三等奖，到今年的一等奖，成绩越来越好，我成为班级的写字高手，我对写字越来越自信，写字让我快乐。语文老师和书法老师经常给我们讲写好字的好处，我总结有这么几点：第一，习得一手好字，使以后的小初升、中高考电脑阅卷时的试卷扫描更加清晰，更利于评卷老师的阅卷识别，有可能取得更高的卷面分数；第二，习得一手好字，能让性格得到塑造，写字的过程是磨砺人生的过程，会让人更踏实、认真和负责任，养成坚持不懈的好习惯；第三，随着个人写字水平的提升，情操修养、审美水平会有一定长进，散发的气质也会与众不同；第四，习得一手好字往往能增进别人对你的好感，有利于与人更深一步交流。

习得一手好字，还有许多好处，我一定会继续把字练下去，成就更好的自己。

书法相伴，幸福相伴

柯谨雯　华泰实验小学六（5）班学生

在我们学校，每天午睡后，校园广播里的优美旋律便会准时响起，它意味着每天午间写字课开始了。同学们会早早准备好写字用品，静下心来，在书法老师的引导下，认真观看视频，观摩范字，用正确的执笔姿势开始书写。当一笔一画从笔尖流淌，在纸上组合成灵动的汉字时，我内心充满了欢喜。

我们每周五天的写字课，其中两天我们可以练习语数学科的作业书写。这可不能随意求快，在保证作业质量的同时，得按照书写的要求来写。于是，我们养成了平时就认真书写作业的习惯，每回提起笔我都会提醒自己这就是在练字。一天一次，不间断的写字课，也为一年一度的书法节活动奠定了基础。

每年的书法节是令我们期待不已的活动，同学们都想趁此发挥出自己最高的水平，交出最漂亮的作品。可没有想的那么容易，"卷面书写"现场赛极富挑战性，用一张8版的语文试卷作为作品纸，要求在120分钟内完成。既是语文考试，又是书法比赛，这是一种很大的挑战。面对陌生的题目，我们得仔细读题，思考出答案，再下笔书写，每一个字、词都得斟酌，绝不能写错、涂改，这真是太考验书写的功力了。完成后的试卷，必须字迹工整、卷面整洁、字形主笔突出、富有轻重变化，作品还要充满书法韵味，这简直是太难了。每年书法节，不仅锻炼了我的书写能力，更让我有机会向同学们学习。每年书法节，我都能拿到奖状，都会受到同学们的赞赏。

　　我学习书法已有六年了，我爱书法。小小的方格里，一横一竖皆有章法，一撇一捺兼具灵动。我喜欢风骨凛然的硬笔字，也喜欢笔走龙蛇的软笔字。祖国五千年璀璨文明，涌现出许多杰出的书法家。因为所处的朝代背景、境遇不同，书法家形成了自己独特的书法风格。我喜欢了解汉字的演变和它背后的故事，这对于我学习语文和历史也很有益处。"知识学以经世用，点滴悟而修身为。"学习书法令我严谨细致、耐心沉稳，也令我收获知识、陶冶情操。在学校的六年时光，我每天沉浸在书法艺术的海洋里。一手硬笔好字加一手软笔好字，不知不觉成了我的有力翅膀，助我在市级以上的书法大赛上获得佳绩。

　　以后，我会持之以恒，继续提升书写水平和文化素养。成长的路上，与书法相伴，与幸福相伴！

跳好一条绳，活力启人生

2011 年 4 月 26 日，教育部下发文件《教育部办公厅关于在义务教育阶段中小学实施"体育、艺术 2+1 项目"的通知》，明确指出："通过学校组织的课内外体育、艺术教育的教学和活动，让每个学生至少学习掌握两项体育运动技能和一项艺术特长，为学生的终身发展奠定良好的基础。"

为了认真贯彻国家这一重要文件的精神，2015 年 9 月，我提出"健康比什么都重要"的体育教育理念，此理念也是华泰实验小学兑现"六年奠定幸福人生"办学愿景的另外一种诠释。2015 年 10 月，我们确立校训"立德、健体、启智、尚美、求真"五个词。我坚持把"健体"这两个字放在"启智"的前面，源自陶行知先生的教育理念，倡导"生活即教育"的陶先生提出小学生发展目标的五个关键要素：一是康健的体魄，二是农人的身手，三是科学的头脑，四是艺术的兴趣，五是改造社会的精神。我非常认同陶翁所倡导的"健康是生活的出发点，也是教育的出发点"，所以，在这所新办学校，我决心把孩子健康这件事作为学校工作的重中之重来落实。

为了实现孩子们的"健体"目标，2015 年 11 月，我校开始启动幸福课程建设体系中的拓展型课程之"一项运动技能"。

华泰实验小学校园占地只有 15.7 亩（约 10000 平方米），除去教学楼用地及绿化用地，体育运动空间十分有限。在运动场所受限的校园里，要保证孩子们每天有足够的运动量谈何容易？此外，华泰实验小学的孩子大部分生活在华泰国际新城这个小区里，住在商品房里的孩子，平时的生活空间本来就不大，更谈不上有足够的运动空间，有良好运动习惯的孩子更是少之又少。我还发现，校园里有不少身体发胖的小孩，个别胖小孩走路有点气喘吁吁，一些孩子的身体素质令人担忧。

我校在贯彻"让孩子们熟练掌握两项运动技能"的国家政策上曾斟酌过，刚开始，我尝试推行"人人跆拳道"，也试过"人人练武术"。推行一段时间后都被迫停了下来，原因是，许多孩子不喜欢，或者是项目不适合全部孩子。

后来，经过不断地探讨和比较，我决定选择"花样跳绳"这一种运动项目，作为让孩子们熟练掌握的"一项运动技能"来实施。为何选择"花样跳绳"？因为跳绳的益处多多：一是能增进人体器官发育，有益于身心健康；二是能强身健体，提高身体素质；三是据论证，跳绳 1 分钟相当于跑操 400 米，更有跳绳 10 分钟相当于慢跑半小时之说；四是跳绳时的全身运动及手握绳对拇指穴位的刺激，会大大增强脑细胞的活力，跳绳也是青少年健脑的最佳选择；五是跳绳技能一旦熟练后，还可以做出各种动作，跳出花样，具有很强的艺术性和欣赏性，同时还具有合作性；六是跳绳运动具有一定的改造空间，可以不断进行创新和提升。

而且，"花样跳绳"这个项目容易操作，不受场地限制，特别适合华泰校园很小的现实情况。我还认为，"花样跳绳"是一项较简单、易普及的运动，人人可以参与，个子高的、矮的，身体瘦的、胖的，均可以参与，学校就可以做到一个孩子都不会落下！

既然项目定下来了，那具体怎么做呢？

"一项运动技能"课程的实施理念是：由体育学科拓展而来，一至六年级全部开设，以"花样跳绳"为载体，并把它贯穿在平时的体育课堂教学之中，从每周三节体育课里，拿出一节专门推动"花样跳绳"，每天下午的大课间阳光体育活动，以花样跳绳为主项目展开。

推行"花样跳绳"课程建设，最困难的还是师资，因为"花样跳绳"不像普通跳绳那么简单易学，它的专业水准很高。国家体育总局当时的全国跳绳运动推广中心有专门指定的规范动作，教规范动作必须有规范的专业教师！没有师资怎么办？于是，我开始寻寻觅觅，到处打听这方面专业的教师。

2015年9月，来自广东的跳绳专业教练芦闯老师走进了华泰实验小学，成为我校向省外聘请的第一位高级教练，也为我校开展花样跳绳师资内训作好铺垫。2015年10月至今，我校体育课程组成员林金龙、陈荣荣、杨双二、赖江海、李丽熔、杜诗婷、施伟良、王伟锋等老师参加了多期花样跳绳专业培训，其间还分别参加全国跳绳高端实训营、全国跳绳中级教练考试、全国跳绳高级教练资格考试。其中林金龙、陈荣荣、杨双二老师成为有"全国跳绳大王"之称的胡平生老师的弟子。经过这几年的花样跳绳专业训练，我校每一位体育老师都熟练掌握了专业的"花样跳绳"教学能力，还有不少跳绳水平较高的语数老师也获得了此项专业能力的提升。

有了师资，课程建设便有了保障，很快"一项运动技能——花样跳绳"课程教学有了成效。我发现，华泰学子们对这一条小小的绳子"爱不释手"，理由其实很简单，经过不断创新，这项运动花样繁多，快乐多多。以前，我们尝试推动"人人武术"和"人人跆拳道"，时不时出现孩子们之间打架、闹矛盾的状况，还遭到个别家长的投诉。现在推行"人人跳绳"，你跳你的，我跳我的，更多的是互相竞争、彼此羡慕。我由衷地感慨：体育项目选择很重要，选对项目，事半功倍，选错项目，半途而废。

"一项运动技能——花样跳绳"课程建设有了一定成效，体育课程组的信心更足了。每一节体育课、每一次大课间活动，社团培优课、校队精英课、校级跳绳大王比赛、校园跳绳节等活动，他们都认认真真组织，扎扎实实开展。

我校的"一项运动技能——花样跳绳"课程建设，大概有以下实施策略：一是成立课程开发研究小组；二是开展师资内训与外训；三是创编花样跳绳学习单；四是开展课堂教学和大课间活动；五是开展跳绳与健康个案研究；六是举行跳绳大王比赛和举行跳绳节活动；七是让跳绳走向生活，全民推广跳绳活动；八是参加全国跳绳挑战赛、全国总决赛；九是开展对外交流，比如与广东、安徽、上海等跳绳基地互动；十是开展跳绳评价，授予学生能人、高手、牛人、达人、超人称号；十一是开展跳绳运动与身体素质（身高体重）测评数据分析。

华泰实验小学推行"一项运动技能——花样跳绳"幸福课程建设不足一年时，便取得了阶段性的小成果。

2016年4月15日，当时的国家体育总局跳绳运动推广中心的技术总监胡平生教授，首次从北京飞往晋江指导我校开展花样跳绳教学工作。我校 936 个学生和 52 个教师集体展示了我们刚学的"花样跳绳",师生的精神面貌打动了胡平生教授。胡教授在活动总结中指出:"华泰实验小学选择花样跳绳作为学生的一项运动健身技能来抓,绝对正确,要坚持下去,六年不变,十年不变,甚至更长的时间都不能变。"这一天我校被国家体育总局跳绳运动推广中心确定为"全国传统跳绳项目试点单位"。

胡平生颁发牌匾

有了这个"试点单位"称号,我校师生的"花样跳绳"与国家体育总局跳绳运动推广中心便建立了联结关系。从 2016 年 5 月到 2018 年 1 月,我们得到了全国许多跳绳专家的指导,学校的花样跳绳越跳越专业,师生越跳越喜欢,连学生家长也积极参与进来。

2018 年 1 月 12 日,我校承办泉州市小学体育教科研成果推广暨校园跳绳专项展示研讨活动。来自泉州市区域内的中小学体育专家 500 多人来校观摩研讨,我校大课间绳操的创新、跳绳队的精彩亮相，给与会人员留下了深刻印象。那天，国家体育总局跳绳运动推广中心授予我校"全国跳绳运动传统项目示范学校"光荣称号，世界跳绳联盟副主席、亚洲跳绳联盟主席陈阳辉先生还到现场进行指导。

陈阳辉颁发牌匾

这几年来，我校"一项运动技能——花样跳绳"课程的实践研究取得了较好成效。一是孩子们很喜欢；二是跳绳逐渐成为一种运动习惯，孩子们在学校跳绳，在家也跳绳；三是孩子们每天的运动量足够，身体明显比以前强壮；四是肥胖的孩子瘦身了，个子矮小的孩子长高了；五是中高年级至少有三分之一的学生1分钟单摇速度达到中考体育跳绳考试满分水平；六是高年级许多学生的身高比同年龄人高不少；七是跳绳增进学生参加其他运动项目时的灵活度，我还惊讶地发现不少跳绳高手的数学成绩特别好；八是许多孩子代表学校参加全国各类跳绳比赛，获得良好的成绩，增加了自信，体验了成功，幸福感增强。

孩子们快乐跳绳

　　"绳彩飞扬，跳出健康"，让华泰学子们熟练掌握"一项运动技能"，我要的是"整片森林"——全部孩子，而不是"几座高峰"——几个优秀孩子。2019年春季，我们尝试推动让孩子们熟练掌握的第二项运动技能——少年太极拳，我的想法是通过"太极拳的慢"来平衡"跳绳带来的动"，同时丰富孩子们的运动技能，但我发现孩子们不大喜欢太极拳，他们反映"太极拳太慢了，打得很不痛快"，于是少年太极拳运动项目不久便停了下来。2020年春季，我又让体育课程组尝试推动"鬼步舞蹈"，孩子们学起来感觉不错，但这一项目也很快就暂停了，因为该项目有一定的局限性，不少孩子对舞蹈不感兴趣。

　　2020年10月，中共中央办公厅、国务院办公厅印发的《关于全面加强和改进新时代学校体育工作的意见》明确指出，要"不断深化教学改革"，其中"强化学校体育教学训练"这一条，强调要逐步完善"健康知识＋基本运动技能＋专项运动技能"的学校体育教学模式。2021年8月，国务院办公厅印发的《全民健身计划（2021—2025年）》又明确指出，要"推进全民健身融合发展，深化体教融合"，要"完善学校体育教学模式，保障学生每天校内、校外各1个小时体育活动时间"。国家对学校体育工作越来越重视，对学生体质健康越来越关注。

2021年秋季，为进一步加强我校课程建设"1+X"发展理念，我决定在"让孩子们熟练掌握一项运动技能——花样跳绳"的基础上，尝试在一至三年级加推"第二项运动技能——人人踢毽球运动"，尝试在四至六年级加推"第二项运动技能——人人篮球运动"。

2021年10月，我校邀请世界花式毽球冠军齐彬老师来校为全体教师开展毽球培训。目前我校十位体育教师，已全部掌握毽球教学基本功，"人人毽球""人人篮球"教学已正式启动。

世界花式毽球冠军齐彬来校教学

附：

小小毽球，大大智慧

陈荣荣　华泰实验小学体育老师

　　毽球运动具有悠久的历史，是中华民族传统体育宝库中的一颗璀璨的明珠。它具有灵敏性、欣赏性、融合性、普遍性等，踢法多样、形式丰富，除了能增强学生体质、促进学生身心健康发展，还能推进中华民族优秀传统体育的教育传承。由此可见，小小的毽球，功能益处多且蕴藏着大大的智慧。

　　针对学校现状，我想说一说对毽球运动在我校推广的几点思考。

一、学校的现状与基础

　　1. 场地。我校位于晋江市的一个小区内，占地只有约 10000 平方米，目前学校有 35 个班，共 1700 多个学生。学校运动场所包括一个标准篮球场、一个不足两百米的跑道、一个不到二分之一正规球场的篮球场、一个小体育馆，运动空间有限。

　　2. 师资。毽球运动在本市学校及校外发展普及率较低，学校教师接触过毽球的只有两位（非专业且接触时间很短），所有体育老师也不曾接触过毽球。因此，毽球运动师资欠缺。

　　3. 学生。对毽球运动比较陌生，充满好奇心；能通过踢足球的方式来探索毽球运动；低年级学生对毽球难把控，学生面对难掌握的运动项目易失去信心。

二、毽球运动推广策略

（一）提供物质基础，培养师资力量

为了有效开展毽球运动，学校领导大力支持，投入不少资金，配备了足够教学和训练用的毽球，也把唯一的体育馆设为"毽球馆"。

积极组织毽球培训，培训有"请进来"和"自我提升"两种形式。

"请进来"，主要是邀请专业教练入校为教师培训。第一次，我们邀请厦门市毽球协会的专业教练入校。在培训中，教练们用精彩的毽球技术表演和专业教学博得了全校师生的掌声，为师生学习毽球埋下种子，开启了毽球进入校园的序幕。第二次，我校特邀世界花式毽球冠军齐彬老师和全国毽球优秀教练郑云老师到校开展培训。齐彬老师从毽球相关知识专题讲座到教师毽球技能培训再到毽球示范课，传授了单踢、盘踢、两人对踢、小组踢圈等技法，从理论到实践，让全体体育师者充分体验到毽球的魅力。

"自我提升"则是以体育教师为主导的自我训练。我校体育教师的毽球技能几乎是零基础，尽管有两次"请进来"培训，但大家还停留在最基础的水平，所以，我们开展了很长时

看见幸福——教育的积极力量

间的"打卡内训"。目前，体育组成员毽球技术都有不同程度的提高。

（二）丰富教学内容，提升教学水平

健身项目进课堂是推广体育运动的有效方法，能清楚地了解不同运动水平的学生的学习情况。我校在毽球推广初期，选取一至三年段个别班级尝试教学。一二年级主要采用玩毽球游戏的方式，以提高兴趣为主，三年级主要以技术动作和游戏相结合的方式进行教学。教学过程中我们可以看出：毽球运动技术对低年级学生来说难度是比较高的，中年级在短时间内也难掌握技法，教学效果不是特别明显。我们鼓励教师教学时要做到：一是以游戏形式进行教学；二是采用连续课时进行教学；三是鼓励学生在课余时间多练习；四是收集教学视频发布在家长群里，让孩子在家也能跟着练习。

（三）开展毽球社团，培养优秀社员

开展毽球运动社团活动，通过课外延伸培养学生探究性学习和不断钻研的习惯，提高学生的技术水平，使其在社团中建立自信；培养优秀社团，让社员影响周边的同学，带动其他同学一起练习，进一步推广毽球运动。

毽球运动是中华民族优秀的传统体育项目，需要学习，更需要传承。学习中讲方法，传承中讲情怀。当然，小小毽球、大大智慧，探索毽球运动需要有一个长久的过程，我们一定要锲而不舍。

篮球明星，我的梦想

柯煜晨　华泰实验小学六（1）班学生、晋江市小学生篮球比赛一等奖获得者

　　"梦想"这个词让人觉得遥不可及，但每个人都有资格拥有属于自己的梦想，它就像一盏明灯，指引着我们每个人走好自己的人生。

　　记得很小的时候，热爱篮球的爸爸就经常带着我去看篮球比赛，每一次我都能看到爸爸激动的样子，看到别人进球他都会发出赞叹的声音——"好球呀好球"。四周岁生日那一天，爸爸送给我一颗七彩的儿童篮球，我特别喜欢，拿到球后，拍个不停，还手舞足蹈……这是我第一次与篮球亲密接触！

　　上幼儿园大班那会儿，我经常感冒生病，做医生的爸爸妈妈为之烦恼不已。经过多次身体调理后，爸爸妈妈更加确认我需要进行适当的运动来增强体质，于是把我送去邻家社区的少儿篮球训练馆。从那以后，我和篮球有了更亲密的接触，甚至开始对篮球着迷了。在训练馆的一年时间里，我刻苦训练，打球基本功突飞猛进，也因此被选为训练营的领队，成为训练营里年龄最小的篮球精英队员。从那以后，我就暗暗发誓，长大后一定要当个篮球高手。

　　升入华泰实验小学后，我没有停下打篮球的脚步。由于我身高有优势，三年级我便加入学校篮球队。因为热爱，我比别人更加坚持训练，除了参加校内的训练，还参加校外的训练。四年级，我便开始参加学校组织的各类小学生篮球比赛，五年级时还代表学校参加全市小学生篮球比赛。我的书房里贴满了各种篮球明显

的图片，也悬挂了不少参加比赛的获奖奖牌，有时我连做梦都在打篮球。刚开始由于我参加篮球训练影响了学习，同学与老师认为我只喜欢打球，不会学习。为了弥补这个遗憾，我改变了自己，做到了打球与学习两不误，现在我的语数英学习追上来了，爸爸妈妈特别高兴。

更令人高兴的是，六年级这一年，我们学校在四年段到六年段全面推广篮球，全校打篮球的人越来越多了。我太高兴了，因为我可以与更多的伙伴一起切磋球技了。

篮球啊篮球，我一定会坚持打下去的，学习也会越来越好的。我一定要朝着篮球明星梦一直努力向前走。

我的特殊教学技能：花样跳绳与毽球

赖江海　华泰实验小学体育老师

时光荏苒，来华泰实验小学参加教学工作转眼已经五年，记得第一次参观这所学校时，我心里充满了忐忑。一所年轻的学校，一群充满朝气又信心满满的年轻教师，一切都那么新颖，一切都那么陌生，这让我思绪万千。在这所学校里我应该如何快速成长，如何快速融入工作呢？

很快恭礼校长找到我，提出要派我出去学习"跳绳"，必须快速掌握这项技能，不仅要会跳，还要会教孩子们跳。我满是疑惑，因为在我的印象里，"跳绳"不就是拿着绳子一直反复地跳跃吗？作为一个体育老师，这种简单的运动我还需要特意去学习吗？我带着种种疑惑与不解到厦门参加"花样跳绳"短期培训，这一次培训刷新了我对跳绳的认知。原来跳绳有这么多花样，原来跳绳有这么多门道，这样的跳绳很有意思，就这样我认识了"花样跳绳"。

最近几年，我在学校"走出去，请进来"的师资模式培训下，参加了至少五次高端的"花样跳绳"专项训练，还有幸考取了全国跳绳裁判证书。目前我能胜任各年段的跳绳专项课程，个人的跳绳水平也不断提升。2019年，我带队参加全国花样跳绳挑战比赛，收获了三金五银的成绩。我对花样跳绳的教学研究兴趣也越来越浓厚。在晋江乃至泉州地区，提起跳绳，许多人都知道有一所学校做得好，那就是我们学校——晋江市华泰实验小学。每每听到这样的评价，我都特别高兴，因为我就是我校花样跳绳项目团队的成员之一。今年，我还打算面向福建省边远山区的学校开放一节线上"花样跳绳"教学课，目前正在磨课中。花样跳绳成为我的一项特殊教学才能，我感觉很自豪，但也感觉重任在肩，因为跳绳需要推广，需要更多的人来研究、来推动。

2020年9月，我们学校尝试推广毽球。这对我来说，也是一项全新的工作。王校长又出大招，邀请到了世界花式毽球冠军齐彬老师到校开展毽球推广培训工作，齐彬老师就理论知识、毽球课、技术动作为我们进行了全方位的传授。我坚持参加毽球训练打卡，经过这几年的接触，我对毽球有了全新的认识，学习不断更新，毽球水平慢慢提升。

韩愈说："闻道有先后，术业有专攻"。既然作为一名体育教师，我就要把工作干好，不管是技术还是理论都要坚持不断学习和创新。我是一名年轻的体育教师，以后还有很长的路要走，但我会保持一颗诚挚的心走在体育教学的道路上。花样跳绳与毽球带给我们的不仅仅是快乐，更是成功后的喜悦，我一定会在花样跳绳与毽球学习中尽情享受快乐，品尝喜悦。

花样跳绳改变了我

蔡振鸾　华泰实验小学 2019 届毕业生、全国花样跳绳挑战赛金奖获得者

"花儿谢了几度，草儿绿了几回，圈圈年轮镌刻着时间的印记，泛黄的日记抹不掉那段难忘的时光。"到了现在我还总能想起就读华泰实小的那三年难忘时光，那也是我人生中一次重要的转折。

小学一年级我父母把我送到镇区的重点小学，是希望我从小就能有好的成绩，但由于我被托管在朋友的家里，爸妈不在身边，总感觉十分孤独、害怕，所以一至三年级学习成绩并不理想，我与老师同学的关系也一直不怎么好，甚至还有点紧张。后来，爸爸经过再三考虑把我转到华泰实验小学，这是一所对我成长影响非常大的学校，也是让我重新建立学习信心的学校。

记得刚到华泰实小的时候，我对这所学校也感到很陌生，我作为一名新转入的学生插入到一个新班级，心里一直很不自在。班主任林玉兰老师很快看出了我的心思，多次找我谈心，还主动介绍同学让我认识。几天后，我跟班级里的同学就认识得差不多了，他们对我很友好，这种热情一下子让我有了信心。第一次参加这所学校的大课间活动，我就发现了这所学校的跳绳运

动和我们以前学校的跳绳运动不一样，很有意思，有很多动作，而且变化多端。就这样，我接触到了我将会热爱一生的"花样跳绳"。

记得最开始参与花样跳绳的时候仅仅是出于好奇，因为以前我没有见过，更没有跳过。但我第一次试跳"双摇"的时候，体育老师竟然夸奖我："蔡振鸾，你是一个跳绳的好苗子，一学就会，厉害！"这是我读小学以来，听到的"最高表扬"，我高兴极了，当晚就打电话告诉了远在省外工作的爸妈，爸妈也鼓励我，那就好好跳吧。

很快我学会了多种跳绳花样，如双摇跳、交叉跳、快花跳、钩脚点地、八字绕绳、交互绳跳、十人同步。我个人也从跳绳社团普通班进入跳绳社团提高班，而后成为校队成员。

有一天学校的跳绳总教练卢闯老师竟然告诉我"加强训练，我让你代表学校参加全国挑战比赛"。教练的话大大地激励了我，激起了我无穷的力量。于是我天天练，白天练，晚上练，就连假日外出，也带着跳绳，有时间有地方就练。

2018年，我代表学校参加了在广州举行的全国花样跳绳挑战赛，拿到了一金两铜的好成绩。第一次获得这么好的成绩，我激动地哭了，爸爸更是从山东赶到广州看了比赛。

这次的花样跳绳比赛后，我似乎变了一个人，语数英学习成绩也全面进步，因为跳绳让我有了信心，这种信心影响着我其他学科的学习信心。

我感激花样跳绳让我改变，我感谢华泰实小让我变得更好。现在我正在高中读书，我还在坚持跳绳，我将一生热爱跳绳，热爱健康。

吹好一支笛，快乐伴人生

苏霍姆林斯基说："在影响年轻人心灵的手段中，音乐占据着重要地位，音乐是思维有力的源泉。没有音乐教育，就不可能有合乎要求的智力发展。"

《教育部办公厅关于在义务教育阶段中小学实施"体育、艺术2+1项目"的通知》也指出，让孩子们学会一项艺术特长，对他们的终身发展是十分有必要的。

2016年9月，我校正式启动实施"一门艺术爱好"拓展型课程建设。经过反复讨论，我们最终选择"人人陶笛"作为音乐教学载体来推动，并把它纳入学校"幸福课程建设体系"的范畴来实施。几年来，我校"一门艺术爱好——人人陶笛"在课程开设、师资培养、课题研究、多元评价等方面积极探索。整个探索的历程涵盖在以下12个方面里。

一是为何选择陶笛。为何我们会选择陶笛这种乐器呢？陶笛，是我国最古老的乐器之一，具有深厚的中华民族文化内涵。它的鼻祖是"古埙"，陶笛是一种用陶土烧制的便携式吹管乐器，外形轻巧、携带方便、音色优美，吹奏的指法单纯。相对于钢琴等热门乐器来说，陶笛入门更快，即便是没有任何音乐基础的人，只要依照相应的陶笛曲谱，经过短时间练习，就能吹出令人满意的小曲子。拿陶笛和葫芦丝比较，陶笛的声音更好听、更深沉，陶笛可以做到七重奏，可以吹奏任何曲目。

二是开展自我反思。当确定了这项乐器，我进行了以下反思：每一个孩子都适合吹奏陶笛吗？每一个孩子都能买得起陶笛吗？目前没有陶笛教学师资怎么办？经过与专家探讨交流，我的疑问得到了解答：每一个孩子都适合学习陶笛这项小乐器，不管这个孩子有没有音乐天赋。陶笛这种乐器经济实惠，初学者可以买普通陶笛，如6孔陶笛或12孔陶笛。陶笛多数是用陶瓷做的，为了防摔碎也有用树脂做的，不管是陶瓷的还是树脂的，初学者都可以买60~200元的陶笛。另外师资问题也可以解决，可以进行自我培训或者引进培训。

三是成立实施小组。为了保证课程顺利实施，我们成立了以副校长为组长、以音乐教师以及部分对音乐有兴趣的教师为课程建设成员的"一门艺术爱好"课程实施小组。课程组各成员之间合理分工，共同确立课程建设的实施目标，形成教学共识，同时学校还为课程实施小组提供课程建设经费。

四是开展师资培训。2016年10月，我们开始成立华泰实小教师陶笛学习俱乐部，接着开始聘请专家进校园，对学校里的音乐教师以及部分有兴趣的教师进行陶笛吹奏专项培训。校园里一下子掀起一股教师"陶笛"学习之风。中国陶笛艺术委员会常务副会长林烨教授成为我校陶笛教学师资水平提升的高级顾问，中国陶笛艺术委员会常务理事陈志亮老师成为我们的培训导师。经过半年多的精心培训以及老师的刻苦训练，15位教师通过国家陶笛三级水平考试，成为我校"人人陶笛"课程建设的首批教师。

五是开发校本教材。从决定要实施"一门艺术爱好——人人陶笛"课程开始，我们便很快启动此门课程的校本教学资料的编写工作。经过三个多月，校本教学资料顺利开发完成，分初级、中级、高级三册，是结合国家颁布的音乐教材进行整合内生的教学资料。三册校本教学资料遵循"学生生理特点、心理发展规律"，并符合"知识与技能、过程与方法、情感态度与价值观"等多种目标，得到相关专家的一致肯定。

六是实施课堂教学。"让陶笛走进音乐课堂，让孩子们吹奏起来"。我们要求每周三节音乐课的低年级和每周两节音乐课的中高年级，都要保证有一节音乐课必须结合陶笛演奏进行音乐教学。做到先基础后提高，由易到难，慢慢渗透，如打节奏前吹吹陶笛练练气，演唱前吹吹陶笛找找音准，演唱后吹吹陶笛加以巩固，音乐老师很快让演唱与陶笛演奏紧密结合起来。不久，C调《小星星》《小蜜蜂》《小红帽》等曲目很快在低年级中吹响起来，G调《天空之城》《森林狂想曲》《故乡的原风景》等名曲也在中高年级吹奏起来，校园里时不时传出悦耳的陶笛声。

七是搭建展示舞台。有了扎实的教学推动，有了孩子的学习热情，课程建设很快见效。我意识到"展示自己是增加自信的好办法"，于是把每个月最后一周的星期三下午大课间定为班级"人人陶笛"的展示时间，我要让孩子们人人上台，人人都吹，一个都不能少。通过创设班级陶笛展示平台，我发现不少孩子跟不上课程步伐，甚至出现了"滥竽充数"现象，我马上要求课程组跟踪辅导，同时也适当调整课程建设步伐。后来，在"传统节日汇演、学校庆六一、私人生日派对、各种开幕式、每周国旗下"等活动中，我们都给孩子们提供自信展示自我的机会。事实证明，"人人陶笛"在激励孩子发展个性、走向自信方面，起到不可低估的作用。

陶笛重奏《紫竹调》

学生快乐吹陶笛

看见幸福——教育的积极力量

八是社团培优提升。通过一段时间全校性的"人人陶笛"普及，华泰学子对小小陶笛喜爱有加，陶笛成为他们学习与生活中的快乐源泉，一大批优秀学子涌现出来。课程实施小组因势利导，迅速成立陶笛培优社团。这几年，学校陶笛培优社团不断发展壮大，已经发展成五种梯队——A队、B队、C队、精英队和重奏队。通过进一步开展培优社团活动，陶笛吹奏较好的孩子得到提升机会。参加社团培优的成员分各种层次，排练各种演出曲目，逐步走上各级各类表演和比赛的大舞台。

九是举行研讨活动。在"人人陶笛"课程建设的实施过程中，课程实施小组积极开展陶笛课堂教学研讨活动，如校内开展陶笛融合音乐课堂的公开课，通过公开课探索符合我校学情的教学模式；积极承办市级研讨活动，如承办晋江市小学艺术"基于核心素养的综合评价"研讨活动；开展"基于核心素养的小学音乐1+X课程整合的实践研究"等专项课题的研究工作。

十是试行多元评价。探索课程建设的"多元"评价，以评价带动课程建设的提升：（1）实施"奖章激励"，设计出"艺术章"，为在"一门艺术爱好——人人陶笛"课堂当中表现突出的孩子"颁章"；（2）开展学期素质测评，每个学期末，组织孩子们进行吹奏测查，然后分等级记录在学生成长报告手册上；（3）评选年段优秀陶笛班，实施每月一次的班级陶笛集体展示和实行个人抽号测查，以不同的分值进行汇总，评选最佳陶笛班集体，配套颁发奖状和奖金。

十一是课程取得成效。我校拓展型课程"一门艺术爱好——人人陶笛"实施以来，成绩斐然。

2016年12月，教师陶笛俱乐部组队参加泉州市民音乐会，与笛子、葫芦丝、陶笛方面全国著名的三位演奏家同台演出，演奏《丰收歌》，受到肯定。

2017年3月，学生陶笛表演队参加全市中小学生科技节联欢晚会，吹奏《森林狂想曲》和《少年先锋队队歌》，亮相开幕式大舞台。

2017年4月，组队到厦门参加第三届海峡两岸陶笛重奏合奏艺术节展演，演奏《啊，再见吧，朋友》受到好评。

2017年12月，在晋江市戏剧中心参加"青春共成长，助力世运会"晋江市第三十五届少儿文艺汇演，演奏《加勒比海岛奇遇记》，获得二等奖。

2018年8月，陶笛社团精英队受邀到香港参加亚洲陶笛艺术节，与亚洲各地陶笛高手切磋技艺。

2019年5月，我校陶乐团14名同学到杭州参加浙江省陶埙陶笛全国邀请赛，取得团体重奏银奖，个人赛金奖1个、银奖1个、铜奖10个的好成绩。

2019年11月，陶笛精英队赴韩国参加世界陶笛艺术节表演大赛，受到同行好评。

2020年12月18日，我校被福建省民乐协会授予"福建省民乐传承推广实验基地（陶笛）"。有了这块牌子，我们的老师和学生就能跟全国最好的陶笛大师、陶笛专家、陶笛高手交流、切磋陶笛艺术。我能预见，华泰学子中一部分人将走向这个音乐领域，他们当中一些人将成为陶笛演奏家。

十二是课程建设愿景很美好。人人吹好陶笛，幸福快乐无比。这是我校"一门艺术爱好——人人陶笛"课程建设的最美愿景，也是实现学校"让每一个孩子全面而富有个性地发展"育人目标的最美呈现。

2020 年，中共中央办公厅、国务院办公厅印发的《关于全面加强和改进新时代学校美育工作的意见》明确指出，要全面深化美育教学改革，要逐步完善"艺术基础知识基本技能＋艺术审美体验＋艺术专项特长"的学校美育教学模式。华泰拓展型课程"人人陶笛"就对应国家要求的"专项特长"，这项课程建设的版本将不断升级，越来越让孩子喜爱。

最后，请允许我"插播"一则短信，是一位妈妈发给我的肺腑之言。

王校长您好，我感觉我们华泰实小推动"五个一"课程建设挺好的，我的女儿伍月琪这几年学到不少东西。昨天我小儿子生日，月琪用陶笛为弟弟吹奏生日歌，弟弟很高兴。月琪不仅喜欢陶笛演奏，也喜欢跳绳，回家天天练，她说她一定要在今年的跳绳大王比赛中拿奖牌。我发现月琪在跳绳中身体越来越好了，以前经常感冒，现在身体强壮起来。我想这是跳绳带来的好处。谢谢王校长，我们选择读华泰，真是明智之选啊！

一个好习惯，成就好人生

如果一所学校必须有一个办学特色且只能有一个，那么，我会义无反顾地决定：把这所学校办成师生都特别热爱阅读的特色学校。为什么？

苏霍姆林斯基说："阅读应当成为吸引学生爱好的最重要的发源地。""我的教育信念的真理之一，便是无比相信书的教育力量。"

没错，因为我"无比相信书的教育力量"。

2013年9月，华泰实小一开办，我就把阅读工作放在最为重要的位置。一是把图书馆建得很大。学校只有30间教室，其中5间打通建成图书馆，面积达360平方米，这是校园里最大的师生室内活动场馆。二是建在最便捷的地方。图书馆建在教学楼的一层，目的是方便师生到达。三是室内环境优雅。图书馆装修特别有书香味，设施、功能齐全，实现借阅一体化。四是重金购买最好的图书。学校投入大笔资金购买图书，图书是精挑细选的，图书的采购由师生说了算，而不是校长。五是学校的吉祥物是以"书"为媒介，蕴含着师生在校园里以书为伴、与书结友。六是每一间学生教室配备一个大图书柜和一个大图书箱，方便班级存放学生图书，也方便学生借阅。

学生快乐阅读

　　2015 年 12 月，办学第三年，我们正式启动拓展型课程"一个阅读习惯"，它由语文、数学学科拓展而来，一至六年级全部开设，并纳入学校"幸福课程建设体系"范畴。办学头两年"阅读工作"就已悄悄推动，所以，拓展型课程"一个阅读习惯"一启动，课程设置、师资培训、阅读项目、时间保证、方法指导、多元评价等方面便很快步入轨道。

以下是这门课程在实施中的一些具体策略。

组建课程实施小组。为了保证此门课程顺利推进,我们成立了以学校分管教学副校长为组长,以部分语数学科备课组长为成员的"一个阅读习惯实施小组"。各成员之间合理分工,共同确立课程建设的实施目标,形成课程建设共识。学校还专门为课程实施小组配套阅读课程建设经费,保障课程建设。

解读阅读工作政策。课程要实施,政策要弄懂,才不会谜失方向。《小学语文课程标准(2011年版)》明确提出不同学段的阅读目标,"小学低段因识字量的限制,课外阅读总量的要求是不少于5万字;中段课外阅读总量的要求是不少于40万字;而高段,学生的习惯已经养成,阅读的速度也有所提高,阅读总量则要不少于100万字"。《义务教育小学语文课程标准(实验稿)》在"教学建议部分"强调,要培养学生广泛阅读的兴趣,扩大阅读面,增加阅读量,提倡少做题,多读书,好读书,读好书,读整本书。

分析阅读环境优势。学校所在小区为华泰国际新城,离晋江市行政中心只有1.8千米,周边有市图书馆、市博物馆、市科技馆、市戏剧中心等,华泰社区还配套多处晋江图书馆的流动书屋。这样的硬件环境,凸显着独特的区域优势。华泰国际新城的业主大都是文化素质比较高的人群,以机关公务员、事业单位人员、中小学教师、外来创业成功人士为主。他们的家庭条件比较优越,许多人家里有小型图书橱,有些家庭藏书数量很多,许多孩子的父母就是阅读爱好者。这些,是我校开展"一个阅读习惯"课程建设的最好条件。

挖掘多种阅读渠道。一是开展图书馆静默阅读活动。目前,学校图书馆各类藏书累计有8万多册纸质图书、4万册电子图书。

2013 年秋，学校开办伊始，每个中午都有两个班级的学生轮流到图书馆，开展静默阅读；从 2016 年春季开始，静默阅读活动的最后 10 分钟，孩子们上台"向身边的您推荐一本好书"；从 2019 年春季开始，设立"阅读榜"网上答题机制，为静默阅读的孩子们带来新挑战。二是开展学生读书论坛活动。三至六年级每班每月都要有共读本，语文老师为学生选书，学生在规定时间内读完书后，班级必须开展读书论坛。论坛策划由孩子们商量完成，包括主持人训练、海报设计、PPT 制作、证书设计、抢答题目创设、奖品购买等，老师全程不参与，只参加最后的论坛活动。三是开展故事家长进校园活动。此项活动主要针对一二年级的孩子，每班每月至少保证有一位故事家长进校园讲故事。讲故事的家长自愿报名，但要经过学校的专门培训。我们请到的著名阅读推广人有杨健、杜文斌、胡志远、张同庆、陈秀娟、陈秀琴、黄磊、何丹丹等老师入校为故事家长们培训。有 500 多位家长接受了培训，有 300 多位家长进入学校、走上讲台为华泰学子们讲故事，受到孩子们的欢迎。四是开发阅读分享平台。从 2017 年春季开始，通过班级短信平台，每周向家长发送一则阅读方法的短信，定期分享一些精彩的阅读指导美文。还在学校微信公众号上推出"华华美美故事盒"，图文与音频同步播放，"故事盒"里的阅读故事激励着许多华泰学子不断地在阅读活动中积极向上、快乐阅读。五是举行作家进校园活动。我们迎来了两色风景、方素珍、商晓娜、郁雨君、晓玲叮当、伍美珍、子鱼、杨鹏、葛竞、周锐、梅子涵、张之路、安小橙、陆杨等全国知名作家到校为孩子们分享写作秘招，给孩子们的内心埋下成为作家的"种子"。六是开展亲子共读活动。活动有亲子共同选书、亲子在家阅读、亲子来校阅读、亲子写作、亲子阅读分享会。学校还多次开展亲子阅读活动指导培训。

开展多种阅读评价。一是设置校园阅读测查机。2018年春季，我们在学校图书馆的走廊里建设了多台阅读自测机，课程实施小组在每台阅读机里储备各年段必读书目的相关自测题。自测题主要考查必读书目里的知识点及相关知识，内容涉及面广，主要让孩子们在课余时间到此自由选测。阅读自测机的设置深受孩子们喜欢。二是每年开展一次全校性的阅读节，阅读节有阅读知识抢答大赛、博闻广识好少年评选、最美诵读达人评选、最美班级书香角评选、最美书香家庭评选、寻找最爱读书的孩子等丰富多彩的形式。每年阅读节都能把学校"一个阅读习惯"课程推向一个高度。三是开展语文学科素养大比拼。从2014年秋季起，每学年举行一至六年级的语文学科素养比赛。比如，一年级的认字识词（拼音），二年级的成语积累运用，三年级的古诗词积累，四年级的阅读理解（《增广贤文》），五年级的汉字听写，六年级的文学常识。四是开展各类写作比赛。学校开展班级看图写话比赛、班级作文比赛、年段写作比赛、全校性征文比赛，通过比赛促进深度阅读，通过比赛养成阅读习惯。五是参与全国"百班千人"实验学校活动。积极组织全校师生参加全国"百班千人"组织的各项活动。六是开展"阅读先行班""阅读践行班"评选活动。

学校开办至今，"阅读的教育力量"显而易见：良好的阅读习惯成为孩子学习与生活的重要组成部分，他们从多阅读到爱阅读，从好读书到读好书，从会表达到会写作，从会思考到会运用，自然而然，水到渠成。

附：华泰实验小学"一个阅读习惯"课程建设大事记

2016年3月，获评晋江市"书香校园"。

2017年2月，获评晋江市"2016年寒假我喜欢的一本好书活动"优秀组织单位。

2017年7月，获评晋江市"阳光校园，我们是好伙伴"主题教育读书活动示范学校。

2017年秋季，被授予"福建海峡读写基地试行校"和全国"百班千人"实验校。

2018年5月，获评晋江市"2017年寒假我喜欢的一本好书活动"优秀组织单位。

2019年4月，获第六届"阅读改变中国"年度书香校园评选入围奖。

2019年6月，获评2019年晋江市中小学生"暑假读一本好书"征文比赛优秀组织单位。

2020年5月，获评2019年晋江市中小学生"寒假读一本好书"征文比赛优秀组织单位。

2020年7月，获评晋江市"辉煌七十年　奋进新时代"比赛优秀组织奖。

2021年3月，获福建语文学会"2020读写教学研究基地校"。

2021年4月，获评"福建省最美书香校园"称号。

2021年6月，获评福建省语文协会"第二届中小学生优秀读后感优秀组织奖"。

2021年6月，获评晋江市"百年辉煌历程　全面建成小康"

征文比赛优秀组织奖。

2021 年 7 月，获评晋江市"2020 年寒假我喜欢的一本好书活动"优秀组织单位。

2022 年 2 月，获评晋江市"2021 年寒假我喜欢的一本好书活动"优秀组织单位。

2022 年 3 月，获评晋江市"百年辉煌历程　全面建成小康"讲故事比赛优秀组织奖。

2022 年 6 月，获评晋江市"永远跟党走　奋斗新征程"读书活动优秀组织奖。

一种好精神，相伴探人生

　　"一种探究精神"课程，是华泰实小幸福课程建设体系中的拓展型课程之一，它由科学学科及数学学科拓展而来，面向一至六年级的华泰学子推行。"六年，让华泰学子们爱上科学探究，培养一种探究精神"，不仅是这门课程建设的初衷，也是我校"让每一个孩子全面而富有个性地发展"的学生培养目标之一，更是学校校训"求真"的体现。

学生快乐探究

由于这门课程建设的难度比较大，2017年9月我才决定启动，启动前我们的课程组作了很多准备，进行了多次讨论，咨询了相关专家，决定将《科学》教材里的"小实验和小制作"进行"重新归类、再次提炼、拓展延伸"，整理成系列探究项目，进行再探究，再实验。并把它纳入学校"幸福课程建设体系"范畴，在三至六年级推行。

下面说一说这项拓展型课程的具体实施策略。

一是认识课程意义。翻开人类探究的历史，不难发现，从蒸汽机到电动机，从钻木取火到宇宙飞船，从烽火传递信息到网络虚拟世界，从四大发明到载人航天，正是不断地"探究"，才推动人类从野蛮走向文明，从制造走向创造。特别是，我们国家的科技强国梦，更是要求一代一代人不懈地进行科学"探究"。科学探究精神要从小抓起。

二是掌握课程政策。2017年2月6日，教育部颁布的《义务教育小学科学课程标准》明确指出：小学科学课程倡导以探究式学习为主的多样化学习方式，要努力促进学生主动探究、热爱探究。2021年6月3日，国务院印发《全民科学素质行动规划纲要（2021—2035年）》，强调指出：将科学精神融入课堂教学和课外实践活动，激励青少年树立投身建设世界科技强国的远大志向。这两份文件，都是我们加强"科学探究"的重要依据。

三是成立实施小组。学校将专职的两位科学教师和11位科学兼职教师组织起来，专门成立"一种探究精神"课程实施小组，设立课程组长，配套小组成员，各成员之间科学分工。课程组制定课程总方案，共同确立工作目标，形成教学共识，达成实施初衷。同时，我们还给课程实施小组建设了课程研究办公室和多个课程实验室。

四是开展教学研究。课程实施小组开展常规教研，定主题、定时间、定内容，主要采用"问题式头脑风暴"形式，针对科学新版教材，联系教学疑问，共同讨论。课程组成员努力熟悉教材，理解编者意图，确立教学目标，把握重难点，灵活处理教材，重点交流如何因生而教，因材施教。还积极组织成员参加市级科学主题系列培训活动，多次参加晋江市小学科学名师工作室活动，不断提升教师教学能力。

五是基于课内探究。课堂才是研究的主阵地，教材才是研究的主载体。"一种探究精神"的培育基于课堂、基于教材，又创造性地使用教材。课程组成员善于分析，梳理出教材中的重点实验并进行再加工，作为培养"探究精神"的重要载体，然后用"问题串式的学习单"组织孩子们在科学课堂内深入探究，力争有深度。

六是重视课外探究。科学探究不能止于课堂，教材中的实验和制作受课堂时空的限制，探究往往不能够深入，这就需要组织孩子们走出校园，亲近大自然。师生一起参加社会实践或劳动实践，亲子动手一起实践或共同开展实验，这些都是课外探究的重要手段。

七是创建科学之窗。2020年春季，课程组在校园显眼处建设了科学之窗——每周一道科学探究题，以"有趣的、可行的或易操作的科学活动"为主，鼓励孩子们以个人、小组或班级为单位参与探究、解答问题，答题以文字、图片或视频的方式来呈现探究的过程和结果，解答正确和探究成功者将得到学校的奖品及奖金。科学之窗的创建深受孩子们喜爱，校园里刮起了浓浓的探究之风。2022年秋季，课程组把科学之窗升格为"科学之田、科学之屏、科学之台、科学之音"，把科学课命名为"科学之堂"，使科学教学载体更加丰富。

八是举行科技节活动。每年精心举办校园科技节，科技节不"单打独斗"，而是集科学、数学、信息技术和美术四门学科的综合元素于一身，有科幻欣赏类、现场体验类、作品展示类、操作比赛类等形式，各类子项目都有详细的创新探究指标。每年科技节都是华泰学子们最"疯狂"的日子，他们奇思妙想、浮想联翩、创新无限。科技节点燃了孩子们"爱科学、学科学与用科学"的热情，科技节让一批批孩子走上探究之路。

九是实施多元评价。为了进一步让华泰学子们喜欢探究，热于探究，课程组设计了"创新章"。此章专门奖励在课堂表现、准备材料、小组合作、解锁魔方、蔬菜义卖、科学之窗探究答题、社团参与等多方面表现积极的孩子。累积10颗星即可换一枚创新章。激发产生动力，动力创造可能。

热爱永不熄，探究不停歇，创新无止境。我校的拓展型课程之"一种探究精神"，将努力为孩子们的科学梦想插上飞翔的翅膀。

我认为，有科学梦想的孩子一定是快乐的，一定是幸福的。

幸福课堂

幸福课堂构建路径及成效

众所周知，"教育改革"中的"课堂改革"是最难的，也是最容易失败的。以下四点或许是导致失败的原因：一是校园里传统课堂模式根深蒂固；二是课堂上一线教师大多守旧，不愿变革；三是课堂改革的相关政策常常"皮之不存，毛将焉附"；四是目前在全国各地课堂上重知识传授轻能力培养仍然占据主导位置。

在某种意义上，"改革"就是"变革"。在"教育变革"过程中，一个观念正在变得越来越清晰：没有学校层面的变革，就不可能有真正的"课堂变革"。

"课堂变革"必须首先来自学校层面。于是，我在学校层面开展了以下活动。

一是开展"什么是深度学习"大讨论，达成共识。

2019 年 12 月开始，学校有序组织全体教师阅读指定的读本：日本佐藤学的《静悄悄的革命》，田慧生主编的"深度学习教学改进丛书"，崔允漷的《基于伙伴关系的学校变革》，刘月霞和郭华主编的《深度学习：走向核心素养（理论普及读本）》，马云鹏主编的《深度学习：走向核心素养（学科教学指南·小学教学）》，郭元祥的《深度教学研究》，陈静静的《学习共同体：走向深度学习》，刘建平主编的《深度学习很倾城》等。

2020年3月至4月，我组织了十几场教师线上读书交流讨论活动，主题是"深度学习是什么"。讨论活动分布于各个层面，有校级领导层面的，有中层干部层面的，有教研组长与备课组长层面的，更有全体教师层面的。经过热烈的交流、讨论、碰撞，"深度学习是什么"已越来越清晰。尽管在交流讨论过程中，有不同看法，甚至有反对的声音，但已无法阻止全体华泰师者对"深度学习研究"的热切期盼。

深度学习是什么呢？"深度学习是指在教师的指导下，学生围绕具有挑战性的学习主题，通过积极探究实践，深刻掌握学科核心知识，并运用该知识解决实际问题。深度学习过程中，学生不仅形成了学科思维模式，还养成了合作精神、创新意识、公民素养、实践能力和责任担当意识及能力。"这是华泰师者的共同认识。

二是明确"为什么要开展深度学习"，形成共鸣。

首先让华泰师者明白国家出台的明确的指导意见是深度学习的方向标。比如，我引导全体教师认真领会2019年6月23日中共中央、国务院印发《关于深化教育教学改革全面提高义务教育质量的意见》，这份文件是中共中央、国务院印发的第一个聚焦义务教育阶段教育教学改革的重要文件。该意见第三部分"强化课堂主阵地作用，切实提高课堂教学质量"中指出必须"进一步优化教学方式"。

接着我和全体教师还一起分析了"我们正处在一个什么样的时代"：我们正处在一个崭新的时代，新时代是承前启后、继往开来的伟大时代，亟需能承担民族复兴大业的创新型人才，新时代需要建设"新课堂"。而深化基础教育人才培养模式改革，要更新教育理念，改变教学方式，掀起"课堂革命"，努力培养学生的创新精神和实践能力。"课堂革命"的号角已经吹响，新课堂的到来乃大势所趋。

三是提出"基于深度学习的幸福课堂构建"，将之作为学校第二个五年发展之路，并制定出工作路径。

第二个五年发展路径图

2015 年秋季至 2020 年春季是华泰实验小学第一个五年发展规划学期，我们推动"幸福课程建设"，取得很好的办学成效。2020年秋季便是华泰实验小学第二个五年发展规划的起始学期，所以，我们必须尽快定好发展路径。2020 年 5—6 月，我多次组织行政成员及部分教师代表进行讨论研究，我提出将"开展深度学习研究，推动学习方式变革，实现幸福课堂建构"作为学校未来五年的发展路径，希望通过此路径达成"构建幸福课堂，发展核心素养，成就幸福师生"这个美好愿景。我还提出"两改变"作为华泰师者课堂改革的行动指南：课堂上"教师退一退，学生走上来；教师停一停，学生动起来"。我设想从五条路径上齐发力：一是教师提升研教能力，二是学生改善学习方式，三是课堂营造文化氛围，四是学科践行融合理念，五是评价推动持续发展。接着，我强调教师在课堂上要聚焦学生的四个方面：聚焦专注、聚焦探究、聚焦思辨、聚焦创新。

第二个学校五年发展规划路径确定后，我在全体教师工作例会上进行发布，还借助学校学生家长会，对家长和社会公开传播。

在松山湖中心小学"基于深度学习的学习方式变革"实践研究的带动下，我校"基于深度学习的幸福课堂构建"实践研究也步入了正常轨道，并取得了初步成效。

2021年元月，以"晋江市王恭礼名校长孵化工作室"和"晋江市祝新福名师孵化工作室"为活动平台，我校语数学科教研组开展了以"聚焦学科探究活动，构建深度学习课堂"为主题的研讨活动，有十位教师首次对外公开展示深度学习的初步研究成果。他们分别借助学习单，以"问题串"驱动孩子们的学习，让孩子们围绕核心问题，在探究和协同合作中习得方法。从悟法到用法，孩子们的高阶思维得到发展。在不同执教老师的课堂上，我看到了"教、学、评"的转变，也能较好地感受到"慢下来，静下来，走下来"的课堂文化氛围：执教老师在课堂上真的"退下来"了，孩子们"走上来"了；执教老师大胆"停下来"了，孩子们真正

"动起来"了；探究式、互助式的学习成为课堂的一种新样态，孩子们"敢质疑、真探究"的能力提升了；师生评价始终指向学生核心素养的培养。此次课堂展示中，我校其他老师积极进行课堂观察，许多老师通过聚焦"孩子们的学"，发现了课堂中跟以前不一样的风景。那一天，我还邀请了部分孩子的家长前来观课，我故意安排家长坐在自己孩子身旁。活动结束后，许多家长很激动，感慨道："没想到，我的孩子课堂表现那么好。"当然也有家长很着急："我的孩子都不敢表达，急死我了，我真希望她能勇敢地交流。"……活动结束后，我组织老师们进行大讨论大交流，大家纷纷表示，这样的课堂主人已变成孩子了，角色真正发生了转变。这种可喜的变化，令我十分欣喜。

学生深度学习

取得初步成效后，华泰师者们信心更足了，改革的行动加速了，许多老师纷纷加入"基于深度学习的幸福课堂构建"的研究行列中来，设计学习单、共同磨课、你我试水、模拟上课，所有人都在深度学习研究的课堂里求索。

2022年9月30日，福建省教育科学"十三五"规划2020年度课题重点项目结题公布，我校"基于深度学习的幸福课堂构建"课题研究成果顺利结题，并获得"良好"等级，还被建议进行区域推广。

如今，走入华泰实小校园，你会看到不少教室的座位摆成了U形。教师不再被一方讲台所困，而是时常出现在教室中间的U形通道，甚至走在孩子们座位的侧面或后面。课堂里师生可以"零距离对话"，师与生、生与生在协同学习交流中，互相倾听与互相激发。如今，走进华泰实验小学课堂，你会发现许多教师用"用问题教"代替了用教材教，用"用学习单教"代替了用教案教。课堂教学节奏明显慢了下来，教师提出问题后，会预留与所提问题难度相匹配的候答时间，耐心等待孩子们在短暂思考后给出更富逻辑、更深刻的回答。如今，许多华泰师者的教学风格明显蜕变，他们再也不能像以前那样教了，驾驭课堂更加得心应手了，教学渐渐轻松了，幸福感成倍增长。

回望来路，关于要不要"开展深度学习研究，积极推行课堂改革"，有一段时间我其实特别矛盾、犹豫不决。当时，我们晋江有一所学校——晋江市第四实验小学已率先启动"松湖课堂模式"，而且取得了一些成效。但华泰实小所在镇街有其独特的区域特点，家长们把孩子们的学科考试成绩看得很重。从知识本位跨越到素养本位的课堂改革，会不会影响孩子们的考试成绩？社会会怎样看？家长会不会支持？教师的教学成果如何评价？这些问题让我内心充满困惑和不安。

还好，这些困惑和不安，很快在我和刘建平校长的一次单独对话后消失了。2019年11月，我带着考察小组在松山湖中心小学连续听了十节常态课后，与刘建平校长进行了一次思想碰撞，这次的交流碰撞让我豁然开朗。

探寻"基于深度学习的教学变革"

王：刘校长您好，很高兴今天您能给我时间，让我单独向您请教教育改革问题，特别是您倡导的"深度学习"。

刘：我也很高兴能和你交流，今天我有时间，我们可以慢慢聊。

王：今天上午我听了二年级李美玲老师与三年级周敏老师的课，我感觉两位老师的课感都很好，她们在倾听孩子回答问题这方面做得也很好，两个班级的孩子口头表达很棒。我还发现孩子们之间会主动协作，会互相配合。

刘：谢谢你的表扬，这就是我们这几年研究"问题＋教学"的成果吧。

王：听了两位老师的课后，我有几个问题请教刘校长。一是"问题＋教学"中的"问题引发"是怎样来的，怎么能保证所"引发问题"的准确性。因为我认为"问题引发"是非常重要的一个环节，如果问题不准确可能就会漏掉重要知识点或者缺失学科本质。这个"问题引发"是从集体备课中来的，还是每个年段由牵头人设计出来的？二是"问题＋教学"中的"问题探究"。这几天我在您这边听课时看到的大部分孩子都是属于"个人问题探究",最多是两个人用一级声量来探究,较少出现"小组式探究"。今天周敏老师在课堂上向孩子们提出可以回过头与后面的同学探究,才出现3~4人的探究,这样的探究形式有没有固定?三是"问题+教学"中的"建模问题"。我把"建模"理解为"课堂文化",不知对不对。"建模"是不是对老师的组织能力和教学智慧有很大挑战?四是"问题+教学"中的"解决问题"。我看"解决问题"这个环节没问题。这两节课,孩子们在"解决问题"方面都挺好的。

还有,这两天我在听课时,会不断地出现这样的疑问:这节课如果让华泰实小的老师来上,他们敢这样上吗?比如,今天上午我听周敏老师的"乘法进位",其中有一个设计环节:$99×1$,$99×2$,$99×3$……一直乘到9;还有$999×1$,$99×2$,$99×3$……一直乘到9。我发现课堂氛围特别好,孩子们穷追不舍、不断交流碰撞,周老师一直没有插话,很有耐心地让孩子们表达后再补充。刚开始我很担心课堂时间会拖太久,后来才发现周老师是故意放慢节奏的。课堂速度放慢了,才能让孩子们到达思维深处;把所有表达权利都还给孩子们,孩子们才能总结出更好的东西。值得一提的是,周敏老师的课堂上,有一个孩子让我震惊,这个孩子一直想回答问题,但一直没有机会,下课铃声响了,他有点委屈地说:"老师,你不让我说,你会后悔的……"

刘:刚才你说的这个孩子的这种想表现、想表达的品质,我认为比他考100分来得好,这是当今孩子们最需要的核心素养。实际上，我们学校"基于深度学习的教学变革"，从 2016 年 9 月就开始尝试了，到 2019 年 8 月才有了一些成效。这三年时间里我们一直反反复复，不断地寻找路径和策略，到了 2019 年 9 月，也就是这个学期，我们才开始真正在学校里推广。所以，这个过程经历了很长的时间。

为什么会花三年时间去研究，才敢于推广呢？我现在给你讲讲真实的历程吧。

首先是 2016 年 9 月，我们开始了自己的一些摸索，也很快有了一些呈现，我们便开展了校内沙龙交流。我最早比较认同的模式是华中师范大学郭元祥教授所提出的"深度教学"，据说郭教授在武汉的一些学校进行了实验，效果较好。

2017 年 4 月，我向郭教授提出要去湖北考察这些学校。在郭教授的推荐下，我们先到一所做了五年"深度教学"的学校进行了考察，结果发现，他们做的"深度教学"并不是我们想的。但这一次湖北之行，我们对他们的"课例研究"很感兴趣，觉得这个很值得我们学习。这时，我们学校的晓天副校长提出，我们能不能不叫"深度教学"，而提"深度学习"，因为我们"教学变革"的最终目的，就是要实现学生的"学习方式变革"。这样的提法，大家都十分赞同。

2017 年五一假期，我们做了文献研究，在知网上下载了 100 多篇与"深度学习"相关的文章，从中挑出了 30 多篇进行研究学习，这时我们才发现"深度学习"不管在教育学领域还是计算机领域都有几十年的研究了，在中国、在全球都有不少有价值的东西了。进行文献研究后，我们惊喜地发现，"深度学习"就是我们想要的。这时，我们决定把"深度教学"研究调整为"深度学习"研究。我们的课题"基于深度学习的教学问题研究"开题报告也在这时候设计而成。所以，王校，我们决定做一件正确的事，是需要经过一段波折，才能最后定调的。

还有，我们学校的第一个五年发展规划叫"生命学"，第二个五年发展规划叫"生态学"，第三个五年发展规划便是"深度学习"，这三个五年规划，得一个一个做。事实证明，我们这趟武汉学习之行还是非常有价值的，为我们确定"深度学习"奠定了理念基础，还让我们明白，必须开展大量的"课例研究"，教学改革才能进行下去。

王：好的教学改革都是磨出来的。

刘：我们提出的"基于深度学习的数学问题教学"，也经历了一个较长的过程。为了突破数学学科的深度学习问题教学研究，我们先后到广东、江苏、浙江等地参观学习。那个时候，深圳的黄爱华教授出了一本很好的书，叫《数学大问题教学》，我们细细研究，根据他的问题教学理念，进行了不少课例验证，取得了较好成效。

一开始我们成立数学学科研究工作坊，只有五个人参加，然后增加到了九个人，最后发展为两个工作坊。2019 年 8 月底，我在全校教职工大会上宣告历时三年的"基于深度学习的教学问题研究"要全面推广。你这几天所听到的、所见到的只是我们学校数学学科的课堂。其实语文、英语、科学、体音美也一样，都是有过这种发展过程的，只不过学科性质不一样。这就是过去我们研究的三年，那么，现在在我们学校，不管你是去听语文、数学、英语还是科学学科，你都能发现如你所说的教学常态。

教学变革是很不容易的。2016 年 9 月那段时间，我们能做的就是"煽风点火"，办沙龙呀，开讲坛呀，就是为了调动老师们参加的积极性。

王校，回到你刚开始问的"问题引发"这个环节，它是一所学校老师们经过教研与备课后的智慧体现。"问题引发"这个环节是最难的，所引发的"问题"有可能是老师个人磨出来的，也有可能是年级老师相互讨论得出的，还有可能是工作坊的老师们一起打磨的。如此，我们的"问题引发"，也是由"课程标准"来指引的，一切遵循课程标准的精神，只有这样，才能引发出最好的"问题"。

王：我们平时的数学课堂，对于这个问题引发，如果没有一个标准，可能有些老师一节课会引出 10 个问题，甚至更多。所以要凝练整合出两至三个核心问题，这个难度是很大的。

刘：对，关于怎样进行"问题引发"，我们学校对老师是有培训的，老师们能悟多少就用多少，这就靠个人修行了。

王：刘校，我想和您探讨的第二个环节是"问题探究"。日本的佐藤学提倡"小组合作"，建议把班级分成六个小组或八个小组，让孩子们围起来合作探究。这两天，我听的几节课中大部分都是个人在探究，最多就是两人探究。而且班级桌椅不是一个个斗方，而是呈 U 型的，这是什么策略呀？

刘：这个不叫策略，只能说是我们研究了三年的主张。以前我在湖北工作的时候，是十分倡导小组合作学习的。而且那个时候，我的学校在当地做得非常有名气，当时学生的桌子都是围成 6 人小组的。但是，我现在对于小组合作学习的看法不一样了，有一些学科教学中的某些环节需要小组合作学习，让学生分工。现在，我认为一节40分钟的课，时间本来很有限，好几个人围在一起合作探究，必要性并不大。我以为，课堂上的学习更多的是个人的事，需要的是个人的思考，小组合作两个人最好，最多四个人，也就是前后桌。这是我对合作学习的新主张，这个主张得到了我们学校绝大部分老师的认可。当然，在学习过程中孩子们会出现求助和施助（给予帮助），求助一般是找一个人而不会找一大帮人，施助同样是一对一，但这一对一不是固定的。我还认为人在学习的时候更多是个人行为，他要用自己的脑袋进行思考。实践证明，过去许多人主张的小组合作学习是不科学的。所以你才会看到，我们的课堂上好几个人一起合作学习的场面很少。

王：刘校，我想和您探讨的第三个环节是"问题建模"。在这个环节，老师起的作用是组织与倾听，对吗？这是不是很考验老师呀？这个环节，我还是懵懵懂懂，感觉这是一种课堂文化，这个环节不好把控吧？

刘：你已经把"问题建模"的核心表达出来了，"建模"最考验教师两个方面。第一，考验教师对今天想做到的事是不是了然于胸，是不是知道从哪里出发要到哪里去，想做什么。第二，考验教师的教育智慧，课堂中什么时候介入，介入的时候说什么话，这都是很有挑战性的。所以"建模"是最难的，有些教师一直学不到位。我们说"问题引发"可以教，"问题探究"也可以教，但是"建模"这个方面，就真的不好教了，要靠悟，靠自己理解与把握。还有，我们虽然说了一节课有"问题引发、问题探究、问题建模、问题解决"四个环节，但也不是机械不变的，是可变的。四个环节当中，第一、二、四环节都是可以培训的，第三个环节与课堂中老师的个人修养有关，第一、二、四环节可以通过外力施加支持，第三个环节真不好施加。我们现在采取一项措施，我跟你说一下，第三环节"建模"，你搞得定你就"多放一点"，没有这个能力就"少放一点"，因为你要在这个规定时间内完成任务，还要留足够时间给第四环节做题。不让孩子们做题是不行的，分数会出问题的，深度学习的课堂一定得"兜底"（保住成绩）。

王：刘校，这四个环节在时间上怎么分配呢？

刘：时间当然要掐好，在数学课堂中如果你不掐好时间，最后就拿不到分数，所以"问题引发"要短、明、快，最后做题环节要扎实、充分；第二环节规定问题串只能有三个；第三环节就是自我调控，教师能力好就大胆放开，课堂越放得开，当然对孩子越好，越能激发孩子不断补充、不断修复，这是课堂提升孩子能力素养的最佳环节。

王：所以，学生学习方式的培养就是深度学习的最大价值，对吗？

刘：也不完全是这样。第一、二、三环节都是深度学习，第四环节就是中规中矩的解决问题。第四环节你可以说是深度学习，但主要还是做题，所以深度学习的核心在第一、二、三环节。

王：今年年初，我和华泰实验小学的吴彩霖副校长来听了贵校宁俊玲老师的讲座，回去之后我就把"听课笔记"改成了"课堂观察"，我们的课堂要多"观察学生的学"。这个方面，您能不能给我也讲讲？

刘："课堂观察"这个问题，学问很多。不管是"数学问题教学"还是"语文主题教学"，我们学校的做法就是走"整体优化"的路线，也就是说数学问题教学没有秘诀，我们有的只是教学主张。老师们顺着教学主张去做，在做的过程中就对孩子们产生了一定的影响，数学学科在做、语文学科在做、科学学科在做，数学有一点影响、语文有一点影响、科学有一点影响，加起来对孩子的影响就大了。这就是效应，建议你回晋江也去观察几节常态课看看，记得主要观察孩子的学。

王：还有个问题要请教您。我是2014年春来跟您学习"课程建设"的，回去我们也把课程建设做起来了，现在我们正在进一步优化课程建设，会坚持做下去。2018年我就在思考要不要单独提出"教师发展"，我认为应该是"教师的发展和学生的学习方式"一起提出来做。您说，我这么想，是否可行？

刘：我们第二个五年发展规划提出"教师发展"，当时，我们有很明确的教师发展指标，那就是教师走向"多能"，比如美术教师还要会教写字，就是每一个人都要会上"一手硬笔好字"短课。我们为什么第二个五年要做这个呢？那是因为我们第一个五年在做学校课程的时候，有一个摸索的过程，就像前面说的深度学习，摸索的时候要走一段时间，成熟的时候已经到第四年、第五年了，所以，我们做的第二个五年发展规划，是为了弥补第一个五年发展规划的师资能力问题。

王：非常感谢刘校的引领，您今天对我的指导，对我的学校今后的办学发展十分有帮助，谢谢您。

（以上对话内容经刘建平校长的同意，发表在此。）

迈向幸福课堂的"听课变革"

　　"听课变革"是促进"学的变革"的第一步，从看教师的"教"转变为看学生的"学"，怎样学，学怎样，这是"课堂变革"的重要基础。

　　2020年秋季开学，我们率先在语数学科教研组推动"听课变革"。

　　一是印制专用课堂观察笔记。课堂观察笔记在原来的听课笔记本上作了许多改变，比如要写明观察的课题，还要写固定的观察对象（某个学生或某个小组）；要写观察主题，还要记录观察点（如主要环节）；要记录教师的教（简明扼要），更要记录学生的学（详细完整），听完课要写出课后议（作评价、写建议）。

　　二是改变课堂观察形式。我们为每一位华泰师者购置了一把小椅子，老师坐在这把小椅子上时头部刚好和孩子坐在座位上的高度差不多。要求老师不再坐在教室后排听课，而必须选择到一个或两个学生身边坐下来详细观察，这样才能和孩子们同处一个视角，才能更好地观察到课堂上孩子们的真实学习情况。

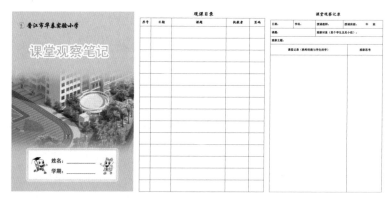

课堂观察笔记本

听课的小椅子

三是与传统听课对比。综观当前的传统听课，大多是在看老师如何教、设计了哪些环节、每个环节怎样落实，而对学生的观察，只停留在看"场面"是热烈还是沉闷，看学生是否参与了讨论、是否学会了知识点。评课时也只对老师的教进行描述。"听课变革"后的课堂观察扭转了这种局面，把重心放在了关注孩子们的学习状态上，判断孩子们的学习是否真实发生，并以此来反观、调整老师的教，从而实现"为学生的深度能力而教"。

与大家分享一篇我在学校"语数校本合作教研"活动上的发言稿。

课堂观察，观察什么？

老师们下午好！最近在我们学校里，每天都能见到不少老师拿着红色听课小椅子穿梭在别人的课堂里开展"听课革命"活动。他们没有远远地坐在教室后面听课，而是来到学生的身边坐下来，和孩子们平起平坐。看到这样的情景，我内心十分感动，为老师们的行动感到骄傲。为何把听课活动称为听课革命呢？因为这里的听课有别于以往，它从原来的老常态听课变为新样态听课，即由以前的看教师转向现在的看学生，从看教师怎样教转向看学生怎样学、学得怎么样；从看场面转向看焦点，看焦点学生，看焦点问题。"看"即"观察"，学校坚信教师通过这样的"课堂观察"，一定能够很好地撬动"反思自己与他人的教"这个支点。我们只要坚持不懈地做，"基于深度学习的幸福课堂构建"愿景，最终一定能够实现。

那么，聚焦学生学的听课革命，该怎样进行课堂观察，观察什么呢？

课堂观察，巧用"蚂蚁之眼"

教育科学研究方法往往有三种视角：飞鸟之眼、蜻蜓之眼、蚂蚁之眼。不少研究者，其研究方法往往采用的是飞鸟之眼，比如看场面是不是热闹与热烈。飞鸟之眼往往看到的是表层、表面。而现在提倡的看焦点，看学生的学，使用的是蚂蚁之眼。如何用蚂蚁之眼在课堂里观察学生的学呢？我最近读了华东师范大学教育学博士陈静静写的多篇关于学习发展共同体的文章，陈博士的一些观点和理念，我结合着说说，建议大家可以尝试开展这样的课堂观察。

首先，课前观课教师要准备好工具，包括摄像机、照相机、观察笔记本等，要先熟悉教学设计，只有这样才能在课堂上一心一意地观察学生。

其次，观课教师要在课前与自己所观察的学生建立情感联结，比如拿上小椅子马上坐下去，问学生："孩子，你叫什么名字？我可以坐在这里和你一起学习吗？可不可以把预习情况给我看一看？"通过交流，尽量利用一分钟或者几秒钟短暂了解孩子的特点、学习状态、原有的基础以及和授课教师的关系，或者与同伴的关系。在上课过程中，观察者就不要再去打扰学生了，而是安安静静地坐在学生旁边耐心陪伴、细致观察、深入分析和思考。

此外，课堂观察的教师只做观察员，不可介入学生的学习，学生在学习过程中会呈现一些具有转折意义的事件，会引发观察者强烈的反思和共鸣。这些事件是课堂观察的"主要事件"。

最后，观察者往往通过这些主要事件，对这名学生的学习进行深刻的认识和深入的剖析。

特别要说明的是，当主要事件特别突显之时，观察员要克制住自己的情绪，耐心地进行观察，细致地实施捕捉，才能观察到最有价值的问题，从而找到课堂的改进策略。

观察记录，留下"学习轨迹"

课堂观察，记录十分关键。记录什么呢？记的是学生留下的完整"学习轨迹"，又称作完整"学习证据链条"。我们把这一链条概括成以下几个步骤。

一是聚焦一名学生，观察这名学生的学习过程，并标记好各时间节点。

二是收集关于这名学生完整的学习证据链条，不错过任何细节和信息，观察越细越有价值。

三是边收集信息，边确定其中引人反思的主要事件，并做好简要记录。

四是尝试记录学生的微观世界，从孩子的立场理解他学习过程中的困难和问题。

五是根据学生的完整学习证据和主要事件来反思自己的教学。

需要对以上步骤进行补充的是，记录学生完整的学习证据链条，既包括这名学生所表现出来的外显信息，如语言、表情、动作，与他人的互动、对上课老师的反应，在书上或者笔记本上写下的内容，还包括这名学生的内部语言、思考方式以及内容，因为这些记录最后能形成这名学生的完整学习证据链条。还有，观察员一边观察，一边还要认真分析学生的主要事件，在这个过程中自然而然就会发现学生的学习难点、学习需求、学习独特性在哪里。这样有利于课后对个案进行研究琢磨，能够再次发现课堂中教学时出现的这些情况的原因，并进一步想办法进行课堂改造。

我还特别认同陈静静博士提出的课堂观察"五个问"：

一是学生心里是否安全、是否愉悦。

二是学生在学习过程中是否有独特的学习方法和精彩的观点。

三是学生在学习过程中是否遇到具体的困难和问题。

四是学生之间的社会关系，也就是生与生的关系如何。

五是学生的学习成果如何。

观察记录，带着"五个问"，记录的学习轨迹将更加完整、更有价值。

记录反思，塑造"自我重构"

在实施听课革命、开展新型的课堂观察中，学校发现许多观课教师观察得特别认真，记录得相当详细，但光有观察和记录是远远不够的，观察记录后"整理、交流与反思"到形成"教学重构"才能算是找出了"价值所在"。

这里还要强调一下前面说的课堂观察是有基本原则的，那就是九个字——"少数人、安静看、反观教"。"少数人"就是一节课上观察员只能有5名左右，不能太多；"安静看"就是只观察某个学生；"反观教"就是以学生的学来反观教师的教，这是课堂观察的第一要义。

课堂观察后反观教，也有几个步骤。

一是快速整理。观察记录一节课后要"趁热打铁"，第一时间整理出完整的观课记录文字稿，对一些细节甚至还要再看"录像或视频"，形成最准确的观课信息。

二是自我反思。这里的"自我反思"与传统观课后的自我反思有很大不同，以前往往要求执教教师本人自我反思，而现在研究的是观察教师进行的自我反思。例如，自己的课堂上遇到相似的学生时该怎么办？其实就是从研究、观摩、评价转向观察、叙述、反思，观察一位学生完整的学习过程，叙述学生学习当中的主要事件。这样的观察、叙述、反思的研究范式，从根本上改变了研究者研究的结构。课堂的观课教师和执教教师是完全平等的，而且他们所针对的都是对学生学情的精致观察和分析，他们两个是盟友的关系。

三是改进改造。当观察教师和执教教师共同分析出"课堂症状"，找到"改进策略"后，"课堂改造"便顺理成章，也就"水到渠成"。

老师们，"横看成岭侧成峰，远近高低各不同"。山可远观，课需近观。走近学生，走"听课革命"后的"课堂观察"，方可领悟学习发生之辉煌，或自学或协同，或渐悟或顿悟，风景这边独好。

老师们，因为看见才会相信，这是普通人的思维模式，也是跟随者的行为；只要相信就能看见，它才是创造者的思维方式，也才是先行者的行为。我们华泰要主动做课堂改革的先行者，因为我们相信深度学习，相信听课革命，相信课堂观察。

未来已来，大家加快行动起来吧！

幸福课堂文化，始于"音量管控"

要推动"基于深度学习的幸福课堂构建"，孩子们"如何倾听、如何发言、如何讨论、如何交流"都是十分关键的深度学习的要素。而松山湖中心小学的"我是声控王"系统，"零级声音静悄悄，一级声音小小小，二级声音不能吵，三级声音全听到"的四级声音管控，深深吸引了我。

2020年秋季，学校启动第二个五年发展规划。我做的第一件事，便是执行学校"四级声音"管控制度。我直接采用快捷的"复制＋粘贴"方式，想一下子在全校师生中推行。本以为，"我是声控王"校园课堂文化在一周后便能在全校范围内形成，后来发现我想得有点简单。

首先杜绝全校教师使用"微型扩音器"这件事情就遭到不少教师的"反对"。一直以来，我都反对教师使用微型扩音器——小蜜蜂，工作30年，上课时我个人从来不用这种工具。教师使用"小蜜蜂"，说轻一点，是在给校园和课堂制造噪音，说重一点，就是在伤害孩子们的耳朵，还有一点，就是心中没有他人。有的教师伤心地向我抱怨："校长，我的声音沙哑了，喉咙很痛，不得不使用啊，不然孩子们听不到。"其实，校园里是很不适宜用"小蜜蜂"的，教师使用它，"痛快"了自己，伤害了别人。殊不知通过"小蜜蜂"出来的声音都不是原声，当教师失声时再用它，声音更是难听之极。教室里，孩子们最爱听的声音往往是温柔的、甜美的原声，声音大了，往往适得其反。同样，在大操场上体育课的老师，只要有一个人用"小蜜蜂"，其他人全部"遭殃"。有一次，我去一个规模特别小的农村小学听课，上公开课的这个班的孩子只有12人，但上课的年轻教师竟全程使用"小蜜蜂"。课后我弱弱地问上课老师为何学生那么少还使用它，她告知我已经习惯了，没有"小蜜蜂"，总觉得孩子们听不到自己的声音。多么不好的习惯啊！还有一次，我被上级抽调去参加一所"优质学校素质教育达标评估"，在随机听课这个环节中，我痛苦地发现，同一楼层的8个班级，竟然有5个老师在同时使用"小蜜蜂"，这令我十分难过。事实证明，许多学校不少老师还一直在使用"小蜜蜂"，其实这都是不好的习惯作祟。于是，我决心借"我是声控王"在华泰校园里杜绝"小蜜蜂"。"声音管理"从教师做起，结果是，我们做到了。两个月后，我们的校园里再也没有出现过"小蜜蜂"。

"零级声音静悄悄，一级声音小小小，二级声音不能吵，三级声音全听到"，说起来很容易，做起来却不简单，特别要做到合乎标准更难。但"我是声控王"成功之后，华泰实小的老师们在这件事上一呼全应。

首先，各班进行强化训练，有的班级还把这四句话编成师生上课伊始的口令。老师喊"上课"，孩子们便说出这四句口令，有的班级甚至带上手势，有的班级还用四种音量说出这些话。

接着，让全体教师在课堂上对孩子们加强培养力度。"四级声音"只有真正深入孩子们的心里，体现在他们的身上，深度学习的样子才算开始。于是，行政随堂课、校本教研课、各级公开课，我们都不断地加以强调。功到自然成，全校齐抓共管，"我是声控王"课堂文化很快在所有班级推行开来。

最后，结合声音管控培养，我们还向孩子们提出更高的要求，比如"四个习惯"和"一个意识"的行为养成："时时有说一句完整话的习惯，时时有想明白了再说的习惯，时时有认真倾听别人发言的习惯，时时有管控自己音量的习惯，时时有礼让别人发言的意识。"我们还进一步强调教师做到"能不讲的就不讲，耐心倾听孩子发言"等。

引导幸福课堂"风向标"的学习单

    2020 年 8 月底，松山湖中心小学飞行导师团队"降临"华泰实小，进行零距离指导培训，启动了"包教包会"的深度学习孵化工作。首次培训，除了带来"课堂变革"理念，教老师们研发"学习单"是首要任务。

    好的教学设计一定是有利于促进孩子思维发展的活动设计。这种活动设计一定是教师对教学内容进行"选择、加工、改造，化抽象为形象、化静态为动态"的学习方案。这种学习方案一定不是传统的教案。这种学习方案，被松山湖中心小学定义为"学习单"。

    "学习单"，又名学习任务单，是学习支架的主要形态，它具有支架的功能。它是教师依据学情，为达成学习目标而设计的学习活动载体。"学习单"是课堂教学的辅助工具，是教师把教材中所要"教授"的知识和技能转化为符合学生实际水平并能引导他们自主学习的"导学"材料。

    "学习单"的设计是从"学的角度"出发的，是教师"以新授教材为基础，以关联教材为依托，以学情特点为起始"，对教材进行二次整合。它的主要形式是"从教学内容中凝练出本原性问题，把本原性问题分解成问题串"。

课堂上教师用"学习单"取代教案，以"学习单"构建深度课堂的支架，以"学习单"指引孩子们进行学习探究。

一份"学习单"一般包括"问题引发、探究活动、解决问题、无边界"四个部分。

"语文学习单"从主题导向的提炼到驱动探究的问题串设计，到语文要素的习得、阅读无边界的课外延伸，均努力体现从低阶思维走向高阶思维的学生思维本位。在松山湖中心小学的导师王晓珊老师的指导下，我校语文教研组设计出的第一份学习单是四年级《为中华之崛起而读书》。学习单在备课组组长赖月芳老师的带领下集体研发成功，并进行"试水"。

"数学学习单"从"整合、取舍再到凝练"，凝练出本原性问题，再把本原性数学问题分解成问题串，让问题串成为孩子们探究的登山台阶。在松山湖中心小学的导师宁俊铃老师的指导下，我校数学教研组设计出的第一份学习单是五年级《组合图形的面积》。学习单在备课组组长吴丽春老师的带领下集体研发成功，并进行"试水"。

数学教研组第一次研发的《组合图形的面积》学习单，包含以下四个部分。

一是问题引发。学生抽取信封里的基本图形，分别说出这些基本图形的面积公式，让学生在这个图形里找到熟悉的基本图形，找出组合图形的面积与学过的基本图形有什么关系，求组合图形的面积应该注意什么。

二是探究活动。1.画辅助线把组合图形分成基本图形（想到

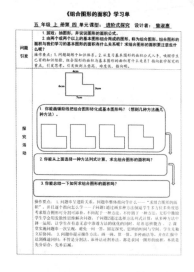

《组合图形的面积》学习单

几种方法，画几种方法）。2.从上面选择一种方法列式计算。

三是问题解决。1.所列图形可以转化为哪些基本图形？2.求中队旗的面积。3.回顾平行四边形、三角形中的等积变形，并运用等积变形解决新问题。

四是无边界。求等腰三角形被切割一部分后的面积。

这四个部分的设计理念分别是这样的：

1.问题引发。聚焦本课的本原性问题：组合图形的面积与我们学过的基本图形有什么关系？求组合图形的面积应该注意什么？

2.探究活动。两个问题一起抛出，不藏着掖着，让孩子清楚地知道本节课要探究的问题，留足探究思考的时间与空间，做到大开大合。同时也让孩子自己参与解决问题的全过程，解题过程有始有终，去问题碎片化，有完整的思路。

3. 问题解决。由基础的课本问题反馈学生本课所得与掌握情况；延伸到等积变形这一转化方法，让孩子感受到除分割法、添补法、剪拼法、割补法之外，还可以根据图形特征，选择其他转化方法，培养发散性思维。

4. 无边界。不一定当堂完成，可让孩子们带着思考走出课堂，做到课堂虽结束，思考仍然在继续，课终思未终。

"良好的开端是成功的开始"，语数教研组两门学科第一份学习单研发成功后，老师们的劲头更足更大了。

很快，四年级数学老师施双雅研发的学习单和课例《乘法分配律》，五年级语文老师姚思思的学习单和课例《鸟的天堂》，三年级数学老师王迎迎的学习单和课例《测量》，二年级语文老师王怡婷的学习单和课例《黄山奇石》，都设计成形并成功"试水"。

2020 年 9 月到 10 月，语数学科教研组分别开展了多场学习单解读活动，老师们从"研读教材、整合教材到凝练核心问题和问题串"掀起学习单设计热潮，对每份学习单的"出炉"都十分谨慎。就这样越来越多原创学习单出品了。

在老师们"试水"的过程中，我总结出学习单的以下几个功能。

一是导向功能。有了学习单的课堂教学，就有了指向思维发展的问题和问题串，课堂就有了方向。

二是支架功能。学习单的设计能使教学结构化：目标—本原性问题—分问题（问题串）—探究活动—问题解决。

三是测评功能。学习单具有当堂测评的功能。孩子们学得如何？效果怎样？问题串中的某一个问题或问题解决中的某一道题，可以当堂检验出孩子的学习效果。

四是备课功能。对老师来说，备"学习单"就是备课的过程。老师需要思考如何围绕实现当节课的教学目标而创设符合学情的问题，以驱动展开探究。

五是定位功能。学习单的问题和问题串的设计必须能激发思维，也就是必须回归思维本位，大道至简。

幸福课堂的两个改变

——U 型场域与语流训练

松山湖中心小学"基于深度学习的学习方式变革"的实践研究，在营造教学环境及氛围方面做了探索与研究，即"慢下来，静下来，走下来"，这与我就"基于深度学习的幸福课堂构建"提出的两个"改变"（教师退一退，学生走上来；教师停一停，学生动起来）的理念完全一致。"慢下来，静下来，走下来"是十分形象有力的行动指南，是教学变革里"教、学、场"的深度学习新样态的缩影，是华泰实小学习的样本。其中"走下来"需要班级摆列 U 型座位。这个行动要求引起了华泰师者的"争议"。

2020 年 9 月新学期伊始，有不少班级悄悄把学生的座位摆列成"U 型场"，但仅过几天，就有班级又恢复原样。原因有这么几个：一是师生不习惯这样的摆法；二是班级学生太多，这样的摆法会让班级显得拥挤；三是教师担心部分孩子斜着看黑板，久而久之会影响视力。

U 型场域

　　为此，我没有提出强制要求，但对摆列"U 型场"营造特殊场域这一点，不断在老师面前传播如下理念。

　　一是 U 型座位是教学形态及教学文化的变革新样态，目的在于方便师生、生生的倾听、对话与合作。U 型座位不是一种固定的座位形式，可以根据上课的实际情况灵活变化。

　　二是 U 型座位的中间通道是教师的"高速通道"，便于教师快速出现在需要指导的学生面前，为协同学习作个别指导。当学生发言时，教师站在学生的斜对面，而不是对面。这样不仅加强了交往深度，更催生了"等距离的爱"。

　　三是 U 型座位可以让教师从讲台上真正"走下来"，教师的教学行为从居高临下、俯视学生转变为师生平等、平视学生。这就要求教师重视"细腻的操作"，不再是挺直地站着，而是频频蹲下与学生视线平行。

教师幸福地教

　　从 2020 年 9 月至 2021 年 2 月，对于坚持摆列 U 型座位的班级，我有不少可喜的发现。其中三（2）班吴雅婷和王迎迎老师的班级，四（1）班陈萍萍和施双雅老师的班级，四（5）班祝新福和李彬彬老师的班级，五（1）班蔡琼瑜和颜晓莹老师的班级，五（5）班李红儿和吴紫雲老师的班级，都有了明显变化。什么变化？"师生关系"不一样了，"生生互助"更协同了，"场域生态"更自然了。

　　于是，我不断通过录视频的方式，一有机会，就向更多老师进行宣传，引导更多班级加以效仿。

　　从决定学习松山湖中心小学"基于深度学习的学习方式变革"那一刻起，华泰师者便投入松山湖的深度学习课堂的研究。"百闻不如一见"，从看"样态"到看"常态"，从观看资料录像课到观摩云端直播课。特别是一批又一批的华泰师者亲临松山湖学校，走入他们的师生课堂后，都异口同声地感慨："松山湖学子的课堂语流太令人震撼了""孩子们真了不起"。下面是我记录的一段语流样本。

生1：老师，我来回答……（充满自信，发言很完整。）

生2：老师，我同意刚才小易同学的回答，但我有补充……

生3：老师，我也有补充，我认为……

生4：老师，我有不同的意见……

生5、生6、生7：我同意，我还想再回答……（同学们的语言充满着深度的思考，有抢答，但很快能互相尊重，我中有你，你中有我。）

生8与生9采用二级音量管控下的小声讨论。

生10：我来回答，我的方法是，首先我是这样想的……

生11：我同意这位同学的看法，不过我还有补充……

以上这样的学生三级声音发言都是松山湖学子的常态"课堂语流"，这种语流是有关联性的，倾听与补充，肯定与质疑，批判与思辨，是那么的灵动与流畅，如潺潺溪水，自然流淌。

在生与生用规范的语言交流探讨时，教师又能适当"退一退"，专心地倾听，耐心地等待，偶尔插入几个词或一句短语，任凭孩子们不断地补充、修复和完善。

细心的华泰师者很快发现，松山湖学子发言时是面向大家的，而不是只对着老师，倾听中的孩子的眼睛是随着发言者的声音移动的，哪里有发言，就看向哪里，就像向阳花。语流过程中，"办法"和"困难"是互相交流的纽带。

学生上台发言

这种课堂语流深深地吸引着广大华泰师者，于是，大家开始在课堂上进行模仿和训练。不久，我欣喜地发现，我校二至六年级许多实验班级经过一个学期的语流培养训练，课堂上的学生语流很快就从"天马行空、跳跃十足"变为"有板有眼、规范有度"。

当然，充满思维的课堂语流不是一蹴而就的，而需要循序渐进、长期坚持，更需要协同培养。许多班级为了让语流更规范、更有序，又拿出学校规范"我是声控王"的"四个习惯"和"一个意识"来训练孩子们的语流，即"时时有说一句完整话的习惯，时时有想明白了再说的习惯，时时有认真倾听别人发言的习惯，时时有管控自己音量的习惯，时时有礼让别人发言的意识"。

幸福家长

做幸福的家长，育幸福的孩子

2012 年，《教育部关于建立中小学幼儿园家长委员会的指导意见》指出："中小学生和幼儿园儿童健康成长是学校教育和家庭教育的共同目标。建立家长委员会，对于发挥家长作用，促进家校合作，优化育人环境，建设现代学校制度，具有重要意义。"

华泰实小办学第二年（2014 年秋季），组建了第一届家长委员会，制定出《家长委员会工作章程》（21 条）和《家长委员会十大工作目标》。其中"积极倡导学校办学理念、办学思想、培养目标，形成校内外一致的办学追求；定期聘请知名专家来校开展家教培训、讲座，提高家长们的育儿水平；举办父母学堂，让父母也一起和孩子'上学'，让家长与孩子一起幸福成长"等工作目标是家长委员会工作的重要任务。家长委员会的成立旨在促进父母不断提升家庭教育水平，积极带动广大家长通过学习成为幸福的家长。

2017 年春季，学校成立"家庭教育研究与指导中心"，这个中心挂靠在学校教务管理中心，由副校长分管，中心设一个主任。中心的发展理念是"家庭教育需要研究着做，为人父母需要研究着当"。围绕此理念，我们开展了"组建家庭教育指导教师团队、挖掘家庭教育指导专家资源、开展家庭教育水平提升培训、学校家教平台建设、父母学堂开设、最美家长评选、幸福家庭评选"等工作。

教师团队组建。把对家庭教育有研究有兴趣的教师组织起来，让他们参加专业培训，致力于家庭教育研究。通过教师培训，提升全校家长家庭教育能力。

专家资源挖掘。积极挖掘省内外家庭教育研究专家，建成我校专家资源库。2018年5月，学校加入福建省妇联组织的"家教联盟"。

家教平台建设。建立ＱＱ群、微信群、公众号、晓黑板、钉钉群等家庭教育互动平台，宣传家教经验、金点子、策略，让广大家长便捷式参与交流互动，提升能力。2019年5月，我校被泉州市妇联授予"泉州家庭教育示范学校"。

继续教育培训。定期定年段给家长进行家教能力提升系统培训，培训要求全员参加。学校还为每位家长发放继续教育证书，鼓励家长参加相关的家庭教育培训，有计划有目标地完成学分。继续教育学会还跟"最美家长"的评选挂钩。

最美家长评选。为树立典型，学校定期组织评选"最美家长""最美家委""幸福家长""幸福家庭"等，对获评者进行公开表彰，还将获评者的幸福事迹通过微信公众号传播。这样的活动，我们已经坚持七年，七年里有一大批家长从"幸福家长"成长为"优秀家长"，有不少家长成为"卓越家长"。

父母学堂开设。我校有"父母学堂"专用场馆，在"父母学堂"专馆里张贴着这么一句话——"做幸福的家长，培养幸福的孩子"。这是我校开展"幸福家长培育"的宗旨。在"父母学堂"专馆里还有一份《华泰幸福家长公约》，公约上写着"我们是孩子的第一任老师，我们共同约定：认同学校办学理念，信任所有老师，注重沟通与交流，提升育儿能力，注重言传身教，做个幸福的家长"。"父母学堂"开设以来，举办了20多期系列课程，有5人班，有10人班，也有20~30人班，引来一大批家长积极参与。有的家长一直坚持学习系列课程，他们在持续学习中找到了问题，发现了自我，觅到了打开育儿的"金钥匙"。

"和孩子一起学习，与孩子一起成长"，这是我一直主张的家长成长观念。而我大力推动的"成立家长委员会、设立家庭教育成长基金、开展家庭教育讲座、开设父母学堂、实施家长继续教育、培训家长讲师、评选最美家长、评选幸福家长、评选幸福家庭"，已成为我们华泰实小共同践行"幸福教育"的有效举措，实实在在，有效落地。

幸福家长参加五周年校庆

幸福家长和孩子选书

幸福家长开展亲子阅读

幸福家长来校当志愿者

最后，附上两篇华泰幸福家长的成长感悟，与大家分享。

　　　　　　　　看见幸福——教育的积极力量

为孩子选择学校，华泰是我们最美的遇见

王丽翡　华泰实验小学家长

　　清晰地记得 2015 年 3 月，我正在为即将步入小学的大儿子选择学校发愁：选择在内地上小学，还是回澳门上学，我犹疑不决。我找到我学生时代的老师，聊了我的想法，老师当时极力推荐我选择华泰实验小学。

　　第一次来到这所学校的门口，国旗下"六年奠定幸福人生"被太阳照射得格外耀眼。那一刻我坚定地相信，这会是一所有爱、有信念、有目标的学校。这八个字仿佛瞬间照亮了我孩子的人生航向！

　　这所学校的校长虽然还比较年轻，但已是本市资历较老的校长。新生家长会上，他从学校的办学愿景、办学理念、办学梦想、办学发展等方面，由浅入深地进行阐述。"六年奠定幸福人生""每天进步一点点""因为有爱，每一句话都要好好说""教育的真谛是爱"……一句句简短的话语无不体现着他的良苦用心和对师生的美好期许。

　　就这样，我选择让大儿子和小儿子都在华泰实小读小学。

　　老大在华泰走过六年，老二在华泰学习四年，这所学校留给我太多幸福与感动。我想说的，有以下几个关键词。

　　习惯培养。新生入学的第一天，在蒙蒙细雨中，一群穿着粉红上衣的老师，亲切友好地迎接着稚嫩的新生们。这一天，老师们对孩子们进行了在校日常的常规训练，让孩子们在期待中开启

了小学生涯。课前准备、课本爱护、书包整理、有序排队这样的习惯，更是从第一天开始，一直跟随着孩子到毕业，以及至今。

感恩教育。每天来到学校门口，你会看见 LED 大屏幕上滚动着不同的安全教育主题；你会看到家长义工们为孩子们保驾护航的身影；你会看到一群小天使早早地在校门口排着队，向每一个进校园的同学，问候一声"同学，早上好！"并鞠躬行礼；你永远会看到，上学放学，校门口站着亲切地跟学生们打招呼的王校长；你会看见平常害羞或是调皮的孩子，也会在这一刻，深深地回礼。一声问候、一个鞠躬，无不渗透着感恩的教育。

阅读推广。华泰实小有各式各样的阅读活动：赠书活动、日有所诵、百班千人共读、故事家长进课堂、读书论坛、名作家进校园、书香家庭，不同的阅读模式丰富了孩子们的阅读生活，激发了孩子们的阅读兴趣。从乐读到会读，极大地提高了学生的阅读水平和写作能力。

英语日常。有一天早晨，我路过学校，听到空中传来美妙动听的英语歌曲，孩子们时而大声演唱，时而随着乐声做律动，所有的孩子同时做着同一件事。那份沉浸在英语氛围中的快乐，深深吸引着我。

特色作业。孩子们的寒暑假作业，不再是写、写、写，而是融入了家务、感恩、运动、书法、艺术、阅读的作业。轻松愉快的假期作业，总是让邻居小朋友羡慕得不得了。假期也是孩子们长高的好时机，学校的老师牵挂着孩子的身体，特意布置了每天的跳绳打卡。

一技在手。人人一条珠节绳，人人一个小陶笛，给孩子们带来许多欢乐。我的这两个孩子在家经常一言不合就斗绳，就拼吹陶笛。后来，老大上了中学，成了班上唯一一个能够连续双摇的学生，跳绳让他在中学多了几分自信。因为陶笛，他参加了学校管乐团，乐团老师经常表扬他特别有乐感，一教就会。

营养午餐。孩子们在学校参加午托，家长们最关心的莫过于午餐的质量。对于这件事情，这所学校是公开透明的，是用心的，是精心准备的，是周密安排的，午餐从卫生到营养，从管理到服务，都那么尽善尽美，令人放心。

家庭教育。这所学校的家长素质都比较高，但学校在提升家庭教育水平工作上，仍然用心对待，积极搭建了各种平台，如家长课堂、专家专题系列讲座、华苑讲师线上分享会、父母学堂。每一个活动，我都抽空参加，受益匪浅。

这所学校，还有很多可圈可点的地方。给孩子选择这所学校，我无怨无悔。感恩遇见华泰实小，这是最美的遇见！

我和孩子的成长之旅

柯丽碧　华泰实验小学家长

我的女儿郑若荷 2020 年 9 月来到华泰实验小学，开始了她的小学成长之旅，也开始了她每日阅读习惯的养成之旅，还开启了我们母女两人的亲子阅读时光。古希腊哲学家亚里士多德曾说：人的行为总是一再重复，因此卓越不是一时的行为，而是长期的习惯。

周末我最喜欢带若荷去晋江图书馆，若荷挑选她喜欢的读，我挑选我喜欢的看，我们两人在图书馆里静静地看书，有时一看就是半天。回家的路上，我们常常会分享当天阅读的所思、所感，每一次交流都感觉十分愉悦。

后来，我们还经常在一起朗读诗歌，我特别喜欢毛泽东的《沁园春·雪》，尤其是"惜秦皇汉武，略输文采；唐宗宋祖，稍逊风骚。一代天骄，成吉思汗，只识弯弓射大雕。俱往矣，数风流人物，还看今朝"这一段，若荷虽不理解诗歌的意思，但听我配上音乐朗诵起来，抑扬顿挫，她也认真地模仿。每每这个时候，我们都能感到一种快乐。

若荷喜欢画画，我经常拿着若荷的画，引导若荷根据画的内容给我编故事，有时一幅画刚好配上一首古诗，其意境令人陶醉。这样的引导，让若荷越来越喜欢画画。

若荷还学钢琴，她学钢琴时，我常常陪练，我们一起认识五线谱，认识音符，认识节拍。记得若荷弹《巴赫二部创意曲》的时候，我们俩一起在网上检索巴赫的生平故事、主要作品、创作特点。了解了巴赫的故事，我们仿佛透过音乐看到 300 多年前的世界。

若荷一有空时也练书法，练字时她总是特别安静。她安静，我们全家也都特别安静。后来我发现，若荷心情不好时就会主动练书法。每当这个时候，我们都会特别期待她通过练书法来转变心情。

最近，我和若荷一起看了"环球寻宝记"系列，一起追寻各国文化珍宝，一起体验精彩刺激的大冒险，一起学习趣味的科普知识。这套丛书，让若荷长了很多知识。

我是一家公司的高管，工作任务多，但为何我还这么用心地陪伴女儿成长呢？因为家长最好的教育就是陪伴。这也是华泰实小所倡导的理念，我认同这样的理念，并且努力去践行。

看见未来：做幸福的终身学习者

用整个心去做整个校长

我特别喜欢陶行知先生这一句话："国家把整个的学校交给你，要你用整个的心去做整个的校长。"

此教育警句，出自他的教育名篇《整个的校长》，原载于1926年2月5日《新教育评论》第1卷第10期，全文如下：

去年我对南开中学学生演讲《学做一个人》，曾经提出五种"非整个的人"，内中有一种就是分心的人。分心的人是个命分式的人，不是个整个的人。整个的人的中心，只放在一桩主要的事上。他的心分散在几处，就是几分之一的人。这类人包括兼差的官吏，跨党的党人，多妻的丈夫。俗语说"心挂两头"，就是这类人。这类人是命分式的人，不是整个的人。

做一个学校校长，谈何容易！说得小些，他关系千百人的学业前途；说得大些，他关系国家与学术之兴衰。这种事业之责任不值得一个整个的人去担负吗？现在不然。能力大的人，要干几个校长。能力不够或时间不敷分配的，就要找几个人，合起伙来共干一个校长。我要很诚恳的进一个忠告：一个人干几个校长，或几个人干一个校长，都不是整个的校长，都是命分式的校长。试问，世界上有几个第一流的学校是命分式的校长创造出来的？国家把个整个的学校交给你，要你用整个的心去做个整个的校长。为个人计，要这样才可以发展专业的精神，增进职务的效率。为学校计，与其做大人名流的附属机关，不如做一个学者的专心事业。具体的说：去年教育部所开的总长兼校长和校长兼校长的例不但不应沿袭，并且应当根本铲除。我希望现在以总长兼校长的诸公都自动的辞去总长或校长，以校长兼校长的诸公都自动的以担任一校校长为限。至于某大学设立会办一层，似有几人合做校长之情形；此种新例，亦不可开。总之，为国家教育计，为个人精力计，一个人只可担任一个学校校长。整个的学校应当有整个的校长，不应当有命分式的校长。

此文很短，但寓意深刻。一是呼吁广大校长要认识到自己作为校长所担负的职责之重大，要全身心投入学校工作中；二是呼吁国家要进一步创设机制和改善管理制度，让校长们能做"整个的校长"，而不是做"命分式的校长"；三是提醒所有校长要认清和把握自己的事业追求和教育情怀，排除外界的干扰，避免把"校长"这个职位作为社会交往和谋取个人利益的平台和工具。

我是 2012 年在北京中关村第四小学挂职时，在学校图书馆读到陶翁这篇文章的。清楚地记得当时我反复品读，顿感不安。当时的我已经当小学校长 15 年了，我不禁叩问自己："15 年来，你有用整个心去做整个校长吗？"

　　　　　　　　看见幸福——教育的积极力量

我学校所在的城市是县级市，全市 280 多所小学有小学生 21 万多名，小学教师达 1.1 万人，被任命为小学校长的只有 280 多人，只占了教师总数的 2% 左右。1993 年我从普师毕业，班上有 50 个同学同时走上教育教学工作岗位，距今已有 30 年。目前只有 5 个同学被任命为小学校长，也只占 10%，其余的同学并不是能力不足，而更多的是没有幸运的机会。因此，我认为能幸运地当上校长的教育人，应该十分珍惜这个岗位，全心全意办好学校，做好教育。

参加工作以来，我有两年被借调到教育局工作，暂时离开了校长岗位。那两年我跟随不少领导检查、走访、蹲点了许多学校。我带上全市学校的总名单，每到一所学校，都会做记录、写心得。两年里，我走遍了全市几乎所有小学，也和全市许多小学校长开展交流与互动。离开校长岗位看校长工作，我粗浅地总结了以下几种类型的校长。

一是"全心全意型"的校长。这种校长以校为家，一心一意，既会管理又会教学，既懂经营又谋发展。这类校长还通常自己任主科教学，他们和师生们打成一片，学校管理井井有条，教学工作扎实有效，教学质量有序提升。他们基本符合陶先生提出的"用整个的心去做整个的校长"。

二是"半心半意型"的校长。这种校长有的会管理但不会教学，有的会教学但管理不精。他们的教育工作不深入，经常停留在面上，无法关注到点上，时常大喊改革，但是有头无尾。这就是陶先生说的"命分式的校长"。

三是"一心二意型"的校长。这种校长往往只关注安全，按他们的话来说，"学校安全是第一，师生安全是一切，校园安全是全部，其余工作再放其次"。这样的校长，学校教育工作发展往往滞后，殊不知，安全工作只是教育教学工作的基本保障。这就是陶行知所说的"能力不够或时间不敷分配的，就要找几个人，合起伙来共干一个校长"。

四是"没心没意型"的校长。这种校长管理没有研究，教学没有深入，只是红头文件里的"校长"，"做一天和尚，撞一天钟"，"没心没肺"的。他们属于陶翁说的"他的心分散在几处，就是几分之一的人"。

陶行知先生在《整个的校长》一文中还进一步指出："为国家教育计，为个人精力计，一个人只可担任一个学校校长。"我认为，一所好学校，必然拥有一位好校长。这样的好学校，教师能够享受职业的幸福，学生能够体验成长的乐趣；这样的好校长，必然是集优秀的教育者、管理者、经营者、行动者等多种角色于一身，具有高尚的人格魅力、先进的教育理念、精湛的业务水准、务实的工作作风等优秀品质的人；这样的好学校、好校长正是每一位校长孜孜以求的理想境界。这应该是我们每一个做校长的人要努力去追寻的理想之路。

"国家把整个的学校交给你，要你用整个的心去做整个的校长。"这样的警句，我以前很喜欢，现在更喜欢，以后还会一直喜欢。

课堂是生长幸福的地方

周五早上，翻开这个学期的听课笔记数了一下，听课节数已达 24 节，达到上级要求的任务——校长每个学期听课次数要达 20 节以上。虽然完成了规定任务，但总感觉这个学期去课堂还是少了一些，内心有愧疚感。

一个校长，没有静下心来认真去了解师生的教与学，这对于学校的发展是很不利的。我总感觉只有深入到师生的课堂中，自己的心里才能更踏实一些。我始终认为，课堂是学校最主要的地方，也是校园最重要的阵地。活生生的师生课堂互动，会让你感觉一切是那么实实在在，一切是那么生机勃勃。

但是，校长如果要一直深入课堂有时也挺难做到的。就拿昨天星期四来说，我上午早早就到了学校，没想到派出所干警小李已经到学校等我了。招待一下，聊一聊有关学校保安管理联建的事，一下子一小时就过去了。送走了小李，突然迎来两个卫生局的人员。怕我不相信，他们还出示了证件，说是我们这所新学校的卫生防疫工作是他们两个负责管理的，我自然不敢怠慢，一一回答了他们想要问的学校卫生管理问题，同时也带他们视察了整

校长课堂观察

个学校，一下子一个多小时又过去了。刚刚停歇下来，办公室的电话响了，是"一个重要部门"来电催促，"全市就你们这所新办的学校没有送项目受检材料……"，而且口气很硬——"无论如何，下个星期一要送来受检，不然将在全市通报处理"。接完电话，我心里一阵"难过"，其实，像我们这种才开办两年多的学校，能有多少材料送去检查，那不是明摆着"骗人"吗？难道刚开办的一所新学校，就要叫老师们开始"造材料"？其实很多部门并不了解学校的教学实际，以为老师们一天只有两三节课，但不知道这两三节课的"前面和背后"不知要花去老师们多少准备时间。记得有个老师曾经跟我说，她连做梦都在改作业，连吃饭都在想着班级孩子们的事。事实上，教育这个行业，是最需要花时间的，但老师们都不怕，为了教好孩子们，他们一直勇往直前。那么，老师们怕什么？我想老师们最怕的就是经常要为了接受某某跟教育不是很有关的检查而加班加点地去写大量所谓的"材料"。

好了，不说抱怨的事，还是回到课堂这件事吧。

这个学期，一有时间，我最想做的事情就是走入老师们的课堂，看老师们上课，甚至下定决心自己要上一节公开课。上个星期五，我终于实现了这个想法。虽然好久没有上课了，心里也一直担心自己的课堂会不会和老师相距太远，孩子们会不会不喜欢。备课的时候，我一直在考虑孩子们已有的生活经验，当然更多考虑的是如何激发孩子们的思考欲和兴趣点。课上得还比较顺利，和孩子们的互动也算比较和谐，但通过孩子们的回答和听课老师们的表情，我发现课还是留下了不少遗憾。比如，这节课的设计含量偏大，没有做好学生的学习"前测"，学生的理解有点吃力，我驾驭课堂的能力仍存在不足，等等。但上完课，我还是一阵激动，那么久没有主动上公开课了，还敢说上就上，"勇气"还在，"信心"尚存。上完课，教师发展处王主任感慨道："校长，我们喜欢您来课堂，我们喜欢您来和我们研究课堂，很希望、很渴望、很期待……"

是啊，校长如果心在课堂，不管是听老师的课，还是自己上课，都是在了解教学动态，都是在研究教学问题，都是在关心师生教学。这种行动是最受师生欢迎的，也是最受师生拥护的。

最后我还是想说，课堂，是校长最应该去的地方，因为课堂是真正生长幸福的地方！

教育的幸福在安静中滋生

在南京参加福建省骨干校长培训这半个月里，我的手机常常被要求关闭。培训很辛苦，但学习氛围安静。人一安静，心就能平静。平静的我边培训边思考着接下来要如何办好华泰实小。因此，这段时间，笔记本上记了不少我对这所新学校未来的办学思路。

培训结束回校上班的一周，就接到许多部门要来学校检查工作的电话，有宣传系统的，有公安部门的，有卫生机构的，甚至有妇女联合会的。工作清单本上又记下好多新任务。

不可否认，目前我们的各级部门工作热情都很高涨，都想把工作做好甚至做出自己的特色，于是，千条线万条丝都"穿插"进了学校。就拿9月份来说，我通过协同办公平台签收的上级文件就达100份以上，参加各部门工作会议就有10次。细心阅读这些文件和反思这些会议，事实上真正关乎学校师生教育教学工作的最多只有三分之一，还有三分之二的文件和会议是其他保障性的或者是预防性的工作。

如今的中小学校，临时到来的检查验收、大量下发的文件、学校突发的事故、领导交代的任务、未经预约的访客、即刻就要交的表格、家长突然的咨询……就像刀锋从校长们的身上划过，将校长的时间切割成无数碎片，让他们苦不堪言。这种现状，对于我一个普通的小学校长来说，也是难于幸免的，因此，常常感到十分苦恼。有时真想大声呐喊，请还给我们安静的校园吧，请还给我们校长、教师与学生安静的学校生活吧！

那么，什么样的状态才算是安静的校园呢？校长、教师与学生安静过学校生活应该是什么样态呢？

我理想中的学校安静样态，是校园里鸟语花香，绿树成荫；只有师生，只有课堂，只有操场，没有其余无关的人员干扰；有时有声但不嘈杂，有时无声但不无趣，有时空灵但不凄凉，有时灵动但不混乱。我们校长应该成为创造这种理想样态的关键人物，要想尽办法排除万难，创造条件。

我理想中的校长在学校的美好一天应该是这样的：早早到校，迎接师生；不用去开会，不必接受检查；能听到孩子大声早读，能看到师生精神抖擞；观观老师的课堂，看看孩子的表现；问问老师的困难，听听孩子的心声；平等交流，真心相待；只有良言，没有责备；每个班级走走，每处角落瞧瞧；发现好事，及时表扬；看到不足，适时引导；有空闲思考学校的发展，有时间思索师生的成长；实实在在，真真切切。

我理想中的老师在学校的美好一天应该是这样的：心情舒畅，容光焕发；备好教学预案，守好课堂阵地；师生关系平等，课堂氛围融洽；教学研究有同伴，提升水平有路径；遇到困难有人帮，碰到困惑有人解；不用抄写教案，不要填写表格；不必假造材料，无需假说好话；进步有人表扬，成长有人鼓励；有成就感，有幸福感。

我理想中的学生在学校的美好一天应该是这样的：高高兴兴到学校，快快乐乐地学习；得到平等之爱，获得公正对待；教室是学知的地方，操场是健身的场所；课堂上兴趣被激发，学堂里兴味被点燃；笑了有人欣赏，哭了有人安慰；学习无负担，成长没困难。

理想很丰满，现实很骨感。但教育有教育的本质，教学有教学的规律，不管现实教育环境多么喧嚣，我们都要试着去呼吁，努力去改变。

今天的教育就是明天的社会，今天不美好的学校环境就是明天恶劣的社会环境。

作为一校之长，我还是会竭尽全力，平静地做着真实的教育，有条不紊，不疾不徐，不忧不喜，怡然自乐——专注地追寻理想，在喧嚣中保持一种别样的安静，这或许就是教育的幸福。

培养更多传递温暖的幸福教师

2017 年 9 月 13 日，全市隆重举行庆祝教师节表彰大会，一批师德标兵光荣地上台接受表彰，上台的有全国师德标兵、省师德标兵、市师德标兵，紧接着领导发表了重要讲话。讲话开头催人振奋，特别暖心，但讲话最后通报了两例严重违反师德建设的反面案例，听了令人特别难受。

以前参加全市教师节表彰大会，回校后我都会高兴地向老师们传达会议精神，比如，我市今年教育工作取得了重大发展，教师队伍取得丰硕的业绩。但今年我内心有点不是滋味。

今年全市教师节表彰大会，"师德建设"四个字成为会议的主题，既是表扬的主题，也是批判的主题。在此，我想谈谈对"师德建设"的思考。

事实上，教师队伍当中能成为"师德建设"标兵的只是"凤毛麟角"，而教师队伍当中严重"违背师德建设"的也只是"极其个别"，更多的人都是默默奉献的普通老师。

对于教师的职业"道德"，我始终坚持一种最简朴的认识："道"即"该做的事"，"德"即"做好自己该做的事"；教师的"职业道德"即"做好教师自己该做的事"，而良好的"职业道德"即"坚持不懈做好自己该做的事"。相应地，教师的职业道德的缺失不仅仅指"做了不该做的事"，同时也包括"没有做好该做的事"。现实中，"做了不该做的事"的教师毕竟是少数，而"没做好该做的事"却非常普遍，但是由于它的隐蔽性而不易被人发现。因此，在师德建设的实践中，无论是强调严守师德底线，还是弘扬师德范例，都只是盯住了少数典型，而忽略了对更朴实、更普遍的"师德内涵"的彰显。就像这次全市表彰大会领导讲话一样，往往只涉及个别教师。

我们究竟需要什么样的"好老师"？那些"舍小家，为大家，身体力行，书写感天动地的奉献故事"的"标兵好老师"固然值得学习，但是，这样的标兵终究只是少数人才能够做到的。师德建设的目标并非只是树立少数的典型，而是要全面提升教师的师德水平。教书育人的使命重大，面对千千万万的学生，并非只是靠少数"标兵好老师"去实现这一使命的，而是要靠更多普普通通的老师，这些老师也许达不到"标兵好老师"的标准，但却能够成为"普通好老师"。在我看来，师德建设应该把重点放在培养更多的"普通好老师"这件事情上。

那么，什么是"普通好老师"呢？中国教育学会名誉会长顾明远先生指出，普通好老师就是能用自己的行动感染学生，工作的敬业度和投入度比一般人要稍微多一点，把本职工作做出彩，在聚光灯下也许并不突出，但是在普通的舞台上却能照亮一方的人。

就拿华泰实小来说，目前有学生 1125 名，教师 65 人。65 名教师当中，教学能力特别出彩的可能只有 10 人，占 15.4%，教学能力明显不足的大约有 3 人，占 4.6%，另有 52 人是属于踏踏实实做好育人工作，稳扎稳打提升教学质量，不出彩也不会落后的教师。占 80% 的这群人，是学校重要的资源，是学校受家长信任的中坚力量，这群人就是"普通好老师"。家长关注的往往不是老师有多么出彩，而是老师们有没有实实在在、公公正正地对待他们的孩子，孩子的学习有没有稳步提升。至于老师获了什么大奖，树立何种典型，家长其实并不那么在乎。如果我们的校长只抓出彩的教师和薄弱的教师，而忽视绝大多数的"普通好老师"，完全有可能犯下"捡了芝麻，丢了西瓜"的大错。

那么，怎样培养更多的"普通好老师"呢？

我认为，"普通好老师"的师德标准应该具有普适性。正如我前面所说，"坚持不懈做好自己该做的事"，这是最能普及、最应该倡导、最具可行性的高标与底线并行的师德规范。很多老师坚守在自己平凡的岗位上，日复一日、年复一年，认真负责地"做好应该做的每一件大事和小事"，他们这种长期坚持的行为就是具有良好师德的表现，就是有着"高尚师德"的"普通好老师"。在此标准下，成为"普通好老师"不是做到做不到的问题，而是愿不愿意去做的问题。

培养更多"普通好老师"的关键是要让老师们明确自己该做的事并且会做自己该做的事。这与"师理"和"师能"有关。所谓"师理"，即教师所应秉持的正确的教育理念，明确正确的育人目标，坚持正确的价值追求；所谓"师能"，则是指教师要具有践行教育理念，把先进教育理念转化为教育行为的能力。为此，师德建设必须与教师的专业发展密切结合，唯有教师的理念和能力提升了，教师才能够在"明确自己该做的事"之后，"坚持不懈做好自己该做的事"。

培养更多的"普通好老师"要注重正面引导。在师德建设中，强调底线、红线不可突破是必要的。然而，"做了不该做的事"毕竟是小概率发生的，过度渲染不仅会损害教师群体的正面形象，更会弱化师德建设所应该倾注的方向，似乎教师只要不做这些不该做的事就是合乎师德要求了，其实这样反而忽略了更常见的"师德失范"，即"没做应该做的事"。这种习以为常的"失德"现象常见却不易被觉察，其后果迟滞却影响持久。师德建设更主要的力量应该聚焦在防止这种"习以为常"的师德失范上，更多从正面强调和引导教师"做该做的事"，而不是过分渲染"做了不该做的事"。

培养更多的"普通好老师"要用关怀型师德理念推行师德建设。所谓关怀型师德理念，是基于内尔·诺丁斯关怀理论的师德建设模式，强调通过对教师的关怀来激发教师的师德体验并转化为师德行为。所以，强调通过对教师的关怀来激发教师的道德体验和行为，是基于对师德建设的终极目标的理解。师德建设不是为师德而师德，而是为育人而强调师德。为此，我们首先需要明确的是，要以良好师德去培育人，并不仅仅是为了让学生感受和体验师德的温暖，更是让学生在师德的浸润中学会传递温暖。由此可说，师德的终极目的就是为了能够传递温暖，而具有传递温暖能力的人必定是体验过被关怀的温暖与美好的人。若要让教师成为传递温暖的人，我们首先要让教师能够在被关怀的氛围中感受温暖与美好。唯有如此，才能让更多的普通老师成为"普通好老师"，内心有方向、有温暖、有坚守。

看见幸福——教育的积极力量

在丰盈的思想里幸福呼吸

2018 年 4 月下旬，福建省"十三五"中小学名校长培养人聚集榕城，开展第三次集中研修。此次研修的主题是"校长读书——名著研读"，研修时间很短，但收获很大。

"名著研读"是"校长读书"的一个小范畴。关于校长要不要读书，我想不必多说，自然是必不可少的，校长读书的意义非凡。

有很多条理由可以"支持"校长没有时间读书。比如，校长工作量大，每天要面对太多太多事情，就说签处的文件每天有数十份甚至更多；校长每周要开会，有时天天开；校长要深入课堂，要和老师们在一起磨课、听评课；等等。但支持校长必须无条件抽出时间读书的理由，其实只有一个，那就是校长如不读书，便会落后，将不能胜任校长工作。

掐指一算，我做校长已有 21 年了，读的书不多，"忙"是次要原因，最重要的还是没有意识到校长读书的重要性。最近几年，我越来越发现，校长没有读书是很可怕的。校长应该边工作边读书，在工作中读书，在读书中工作。现在，我简谈这几年深刻影响我工作的几本书，它们涤荡我的精神，让我在丰盈的思想里幸福地呼吸。

第一本是戴尔·卡耐基的《人性的弱点》。这是我2012年春季在北京挂职的时候读的第一本书。这是一本实实在在有关人生导航的书，它告诉你，要赢得人，先得理解人。成功对于每一个平常的人来说，都是可望又可即的，只要你付出该付出的。这本书让我学会了更好地调节和理解别人。还有，书上给我们阐明的一个最重要也是许多人一直没有做到的道理，那就是"站在对方的角度考虑问题"。这个思维方式也是指引我这几年与教育同事们"相濡以沫，同舟共济"的好法宝，同时，我也把这种理念用到学校教育教学上。后来，我又相继读了不少卡耐基的作品，比如《人性的优点》，同样受益颇多。

第二本书是重读《给教师的一百条建议》。1993年8月踏上工作岗位时，我的第一位指导老师——我的老校长，就推荐我读苏霍姆林斯基这部大作，但是当时太年轻，不爱"啃读"，只是走马观花地草草读之，如雾中看花，没有从中受益。在北京挂职时，时间多，难得休闲，于是我想起重读这一本书。在北京中关村第四小学的图书馆里，我借出这本书进行精读。此时，我才对苏霍姆林斯基的"学生观"有了强烈共鸣。在老师的心目中真不应该有坏学生之想，只有心理暂时有困境的学生。一个学生的成长之路长着呢，谁比谁成功不要太早说。这是我读了这本书的最大感悟。在华泰实验小学的办学当中，我提出"六年奠定幸福人生"的办学愿景以及"让每一个孩子全面而富有个性地发展"的整体培养目标，确立"每天进步一点点"的个人成长目标，都受到了这本书的启发。"因为有爱，每一句话都要好好说"，这句话的思想源头也是苏霍姆林斯基的"教师观"。《给教师的一百条建议》

还给我另一个感悟：一个教师不仅应该热爱教育工作，还要学会爱的艺术，爱是一种能力，教师要勤练这种能力，这是任何一个时期任何一个老师都要有的本色。

第三本书是《陶行知教育文集》。记得我是2013年春季正式细读《陶行知教育文集》的，那时也是我接到筹备开办华泰实验小学任命通知的第一个学期。读陶翁的文字，总感觉是在听一位慈祥的老人讲述自己一生对教育的感悟。先生说"以教人者教己"是根本的方法之一，先生也正是以这样的方法来对待"教育"和"生活教育"的。先生的言行理论无疑是明亮的教育指路灯。陶先生认为，在教学过程中，先生的责任不在教，而在教学生学。先生如果只"教"或只"教学"，这是在把学生当作"容器"，让他们被动地接受知识，调动不起学生的积极性，也不能启发学生的独立思考。先生只有"教学生学"，交给学生学习方法和钥匙，启发他们的思维，培养他们的自学能力，才能"探知识的本源，求知识的归宿"。"因为先生不能一生一世跟着学生，热心的先生固然想将他的所有传给学生，然而世界上新理无穷，先生安能把天地间的奥妙为学生一齐发明？"陶翁这些透彻的见解，启发我后来提炼华泰实验小学课堂教学"学生素养发展"三要素，即"认真倾听、善于思考、敢于提问"。

我特别喜欢陶先生的教育警言"国家把整个的学校交给你，要你用整个的心去做整个的校长"，它成为我人生和工作的座右铭，让我傻傻地干，傻傻地为教育干一辈子，但我认为，只要我感到幸福，何乐而不为！

最近这几年，由于办学的需要，我读得最多的还是当代一些名师名校长的书，这些书有很强的实用性和指导性。出于"功利"

的思想，我经常"复制"甚至"粘贴"里面的要素，学以致用。

时常听一些教育专家说这么一句有趣的话——"一天不读书自己知道，两天不读书朋友知道，三天不读书学校的老师们知道"；网络上还有另外一句话——"一天不读书无人看得出，两天不读书开始会爆粗，三天不读书智商输给猪"。不管是谁说的，这些话都生动道出读书的"重要性和紧迫性"。作为校长，你一旦让学校老师知道你是"不读书"的人，你将很难引领他们前行！

哪怕无法实现，有梦就有幸福

从小，我就喜欢练字，字也比同龄玩伴们写得好看一些。印象很深的是，读小学时我总被班主任叫去配合出班级黑板报；读了初中，这个小优点也被教语文的班主任发现，经常让我承包班级黑板报任务。

从小爱练字，是受父亲的影响。父亲并不擅长写字，书也读得不多，但他一直指望五个子女中能有一个会读书、会写字，于是把希望寄托在我和妹妹身上。

我7岁直接上小学，当时村里没条件办学前班。记得那一年，父亲找来一块"尺二方砖"和一支小毛笔，开始叫我用小毛笔蘸水在砖面上学习书写。当时家里穷，我明白父亲让我这样书写是为了省钱，况且当时书写纸张也特别有限。我练习书写的第一个字就是"王"，父亲并不知道"王"字不好写，只是因为我们的姓氏是王，所以便叫我学写自己的姓。刚开始练习书写，父亲还亲自握着我的手，一横一竖地带着我书写。一直记得父亲的手非常有力气、非常稳定，我的小手总是能感觉父亲手掌心的温度，更能感觉到父亲在我的脑后均匀的呼吸声。好像我最初学习书写的记忆，并不只是写字，而是与父亲如此亲近的身体接触，更似乎是他与我的心灵沟通。

练了一段时间"王"字，父亲便要求我开始写我的名字——"恭礼"。"恭礼"这两个字虽然不复杂，但还是比较难写的，特别是"恭"字，有横、竖、撇、捺、点、钩等，几乎涵盖了所有的基本笔画，所以刚开始书写时感觉特别辛苦，总是写不好。父亲一直鼓励我说，一个人一定要写好自己的名字，自己的名字就是自己的外表，写好自己的名字，会特别有面子的。

记得练习"恭礼"这两个字的那段时间里，我特别羡慕同村叫"王一"的小伙伴，因为他的名字笔画特别少又简单，很快就可以写完。长大以后，才明白原来笔画最简单的字是最难写好的，如一、二、三、上、下、大、人等，因为笔画越简单，就越不能有一丝苟且，要从头慎重，端正到底。

我真正练习书法是 17 岁读师范那一年，当时教我们美术的老师姓康，不仅美术教得好，而且写得一手好字。第一次看他写书法，听他讲书法，我佩服得五体投地，决定拜他为师。

正规学习书法，临帖是第一要义。我临习的第一种字体是唐代颜真卿的《勤礼碑》。那时还是小年轻，精力正旺盛，加上普师专业学习压力不大，我和几个爱好书法的同学练习书法简直到了疯狂的地步，没日没夜，如痴如醉，有时一天要临写近十个小时，只要一有时间，我们就泡在学校书法室里。那段时间，最期待的事，就是自己临习的作业能得到康老师表扬。"又进步了！"每当听到康老师这种表扬，都无比兴奋。书写的突飞猛进让我对书法的喜爱更加深切，就像"谈恋爱"一样，让我"无法自拔"。三年师范学习，我临习过楷书《勤礼碑》、隶书《石门颂》、行书《兰亭序》，还练过吴昌硕临的《石鼓文》，书法水平也越来越好，得到同学们的肯定，对未来充满信心。

三年后，我带着不少参加书法比赛的奖状毕业了。毕业时信誓旦旦，一定要继续苦练书法，争取早日成功，那个时候的梦想就是成为书法家。

年轻时充满幻想，总感觉梦想能成真，愿望不久就会实现。

很快，我踏上教书育人的岗位。刚刚参加工作，教学任务特别重，除了自己的学科教学还兼任班主任工作，同时还有学校七七八八的任务，只能将心爱的毛笔先放下来，把"吃饭"本领练好，再发展自己的爱好。于是，我专心致志地投入教书育人的研究工作中，工作之余偶尔动笔写写，但总感觉已经找不到读师范那个时候的书写劲头。

毕业四年后，我走上小学校长工作岗位，从此教学加管理的双重任务，压得我喘不过气来，对心爱的书写也渐渐地失去兴味。当然，从事校长工作这20多年来，我也多次重新拿起毛笔，动手书写，从苏东坡的行书到王铎的草书，从临摹到创作，从创作到投稿，从未停止，但由于水平没有再上台阶，投稿总是"石沉大海"。于是写写停停，停停写写。之所以这样，其实是因为自己书写激情消退，意志力不够。

颇不是滋味的是，每逢春节前，我都会回老家和父母一起过年，为家里老房子书写春联成为父亲唯一能督促我写字的时机。每年父亲怕错过机会，总是提醒我："明天写春联，记得叫我哦。"每年父亲看我写春联，都特别认真，有时还不忘表扬我："今年写得比去年好哦！"父亲的话，总让我内疚，要是自己能成为书法家，也许父亲会很骄傲。有一年，我写完春联，主动和父亲闲谈，谈起我无法成为书法家，内心挺难过的。没想到，父亲竟然安慰我："当书法家，可没那么简单，没有投入大量的时间练习与创作，如何'成家'？你工作那么忙，哪有时间投入书法练习？况且你是一个小学校长，主要工作就是办好学校，这才是你最重要的事情。做个好校长比当个书法家对国家对社会贡献更大！"

想不到没有读过多少书的父亲说出了这么到位的大道理。是啊，自从走上小学校长的岗位，我把所有精力都用在教学研究与学校管理上，办好学校、带好团队、培养好学生是我最重要的工作。

老父亲的话，着实宽慰了我：把本职工作做好，才是本分，个人梦想能实现固然好，不能实现，藏在心间，也挺美好的。我没有时间写字，但我偶尔也研究书法知识，欣赏别人的作品，提高自己的品味，感觉十分享受。还有，我还把对书法艺术的理解转化到学校校园文化和幸福课程的建设上，这是现实版的"无用之大用"。

有一句歌词唱得好："心若在梦就在。"有一天，我竟然半夜做了一个梦，梦见退休那一年，我又拿起毛笔继续写字，后来，还被评为"全国第一届老年人书法家"。梦醒后，我幸福地开怀大笑。

"成为学校的灵魂"
是好校长的幸福追求

"校长是一个学校的灵魂"，这句话最早是我国著名教育家陶行知先生提出来的。苏霍姆林斯基也曾经说过，一个好校长，就是一所好学校，一所好学校，必须拥有一个好校长。教育家们这样说，是对校长必须全心全意对待工作的殷切期望。

在我们国家，对义务教育校长的专业标准是有明确规定的。

比如，2012年的《义务教育学校校长专业标准（试行）》里就明确规定校长的专业标准有六个：规划学校发展，营造育人文化，领导课程教学，引领教师成长，优化内部管理，调适外部环境。2019年的《中国教育现代化2035》把现代学校治理作为校长工作改革的重点。

学校治理理念要求校长必须具备七大方面的能力：一是持续学习能力，二是政治鉴别能力，三是科学决策能力，四是沟通协调能力，五是团队建设能力，六是狠抓落实能力，七是突发事件应对能力。

国家有这么多专业标准和能力要求来规范校长工作，但一线教师或广大群众却更愿意从非专业标准角度来评判他们的校长，比如，他们会说自己的校长：爱岗敬业、以校为家、能力很强、业务精湛、待人友好……当然，如果用这样的标准来评价校长们的工作，也并非不可以，反而更贴近生活，更靠近实际，更直截了当，更是一个好校长的通俗写照。

　　但事实上，并不是每一个校长都能成为一个好校长，在一个区域里能成为好校长的，可谓"凤毛麟角"。工作和生活中，时不时会听到不少老师在背后不经意地评论他们的校长，"我们的校长太不人文了""我们的校长太霸道了""我们的校长好多人都在骂"……

　　每每听到这样的"闲言碎语"，我都不禁反问自己：我是这样的校长吗？

　　"并不是每一个校长都能成为学校的灵魂"，写下这句话，并不是要跟谁一起去"八卦"哪个校长不是学校的灵魂，而是叩问自己：长期处在校长的工作岗位上，我算是学校的灵魂吗？

　　我肯定不敢说是，但当校长以来，我一直朝着这个终极目标努力。校长应该怎么当，才能成为学校的灵魂呢？这个问题还真不好回答，但我可以肯定的是，能成为学校灵魂的校长一定是一个好校长。愿所有的校长朋友都能努力追求成为一个幸福的好校长。当然，成为一个好校长，除了按国家专业标准和能力要求去做，我认为，还应该努力成为以下这样的人。

　　好校长应该是一个善良的人。

　　"种树者必培其根，种德者必养其心"，一个心地善良的人，才会是一个道德高尚的人，道德高尚是好校长的"魂"。"善人者，人亦善之"，校长善良，就会用善良来善待教师，教师就会善待学生，善良是一股会传递的暖流，善良是好校长的"魄"。好校长的天然职责就是引出人性的善和美。

好校长应该是一个包容的人。

包容是一种互尊、互爱、互助、互谅的精神，包容是一种胸怀、情操和气度，包容也应该是校长重要的工作方法和领导艺术。好校长应该是广大师生的"垃圾回收总站"，能为教师们"排忧解难"，能让学生们"吐露心声"，能给家长们"寄托希望"。

好校长应该是一个懂得爱的人。

有人说："没有爱就没有教育。"我认为："校长不懂爱，就不是好校长。"校长对职业的"爱"，对老师的"爱"，对学生的"爱"，都是缺一不可的；校长的爱，会催生教师对学生的"爱"，催生学生之间的"爱"，催生学生对学校的"爱"。爱，是和谐校园的"根"，爱是学校教育的"本"。

好校长应该是一个有激情的人。

激情是一种状态，是一种态度，是一种情怀，更是一种境界。校长有无激情，影响着工作态度，影响着工作效率，影响着幸福指数。拥有激情，才会精神振奋、工作有力，对师生倾注心血和汗水，迸发教育智慧。激情是工作的灵魂。

好校长应该是一个与师生最亲近的人。

管理是一门艺术，管理学就是关系学。一所学校最重要的关系就是师生关系，也是校长与教师、校长与学生之间的关系；校长要"长"在学校，"长"在师生中间，与师生亲近；校长、教师、学生是"我们"，而不是"他们"，是一家人；好校长看得见师生的模样，捧得起师生的欢畅，接得住师生的忧伤。

校长与孩子在一起

好校长应该是一个带领师生走向成功的人。

常常有人问我：做教师和做校长有什么不同？在我看来，做教师关键在于"成就最好的自己"，而做校长重点在于"成就最好的别人"。所以，校长要退到"后台"，把师生推向"前台"，让师生成长、成人、成才、成功。就像杰克·韦尔奇说的：当你成为领导者之前，你的成功往往和自己有关系；而当你成为领导者之后，你的成功往往和别人有很大的关系。我认为，带领师生走向成功，校长才是成功的，也才是名副其实的好校长。

好校长应该是一个把学校带向未来的人。

教育是面向未来的事业。未来不是要抵达的地方，而是要创造的地方，所有的未来都应该从脚下出发。我们已处在一个崭新的时代，一个信息高速发展的时代，校长既要带领师生脚踏实地，又要引领师生仰望星空。未来已经从知识本位转向素养本位了，校长要引导教师把核心素养"种"在孩子们身上，让他们掌握走向未来的关键能力和养成适宜未来的必备品格。

当你努力成为幸福的好校长，那么你离"成为学校的灵魂"就不远了！

后　记

今年，是我个人教学生涯第 30 个年头，也是本人任职小学校长第 26 个年头。参加工作以来，我从来都不敢想自己能够写出什么好文章分享给读者，更不敢奢望有朝一日能写出一本属于自己的书。有时为了完成一篇管理工作总结或学科教学论文，总要费尽心思。细究起来，还是自己的文字功底太一般了。

随着工作年月越来越长，特别是到华泰实验小学这所新学校工作，从筹建学校、办起学校，到学校越来越有模样，自己竟然不由自主地养成随时记录一些"办学历程、办学思考、办学成效"的习惯。从几百个字到几千个字，越来越多，直至最近萌发了要把这些文字集成一本小册子的想法。

有了这个想法，我便着手行动。首先是把学校的"幸福教育"办学主张进行梳理，梳理出"我选择'幸福教育'的缘由，我对'幸福教育'重构后的体系解读"。接着梳理出"我践行'幸福教育'的具体举措与成效"，包括"幸福环境文化、幸福管理文化、幸福教师打造、幸福课程建设、幸福课堂构建、幸福学生培养、幸福家长培育"等多个方面。最后我把在这所新学校办学实践中写的一些反思日记进行筛选和归类。在整理这些文字的过程中，我也遇到不少困难，但当有困惑时总是能得到我的导师、领导、朋友、同事的指点和鼓励，如：广东东莞松山湖中心小学教育集团的刘建平总校长多次给我的办学主张指明方向；福建教育学院的杨文新副院长常常会提供一些好文章给我，使我明晰目标；华东师范大学出版社策划编辑朱永通老师总是鼓励我，"把你做的好好写出来，写出真情实感，就是好文章，勇敢地写吧，写作的全部奥秘就在写写写里面"；晋江市教育局原局长施正琛一直激励我，"一定要用整个心去做整个校长，真心实意为师生们服务，努力做个幸福的好校长"。华泰实验小学的同事林珍梅、吴彩霖、杨绍华、陈娇梅、陈珍珍、洪翡莹、施彬芳、王晓龙、柯尊敬、黄湘瑜、陈荣荣、赖江海、吴雅婷等老师，以及几个热心家长和优秀学生代表也纷纷把他们的心得感悟写出来献给这本小册子，增加它的分量。在这里，我一并向他们表示最衷心的感谢。

最后，我还要说的是，书中所写只是一个普通小学校长在一所新学校的教育实践和思考，难免失之偏颇，欢迎各位读者朋友予以匡正。

王恭礼

2023 年 8 月于晋江罗裳山下

图书在版编目（CIP）数据

看见幸福：教育的积极力量／王恭礼著.
—上海：华东师范大学出版社，2024
ISBN 978-7-5760-4859-9

Ⅰ.①看…　Ⅱ.①王…　Ⅲ.①中小学教育—教育研究　Ⅳ.① G632.0

中国国家版本馆 CIP 数据核字（2024）第 060428 号

大夏书系 | 教育新思考

看见幸福——教育的积极力量

著　　者	王恭礼	
策划编辑	朱永通	
责任编辑	张思扬	
责任校对	杨　坤	
装帧设计	奇文云海·设计顾问	

出版发行　华东师范大学出版社
社　　址　上海市中山北路 3663 号　邮编　200062
网　　址　www.ecnupress.com.cn
电　　话　021-60821666　行政传真 021-62572105
客服电话　021-62865537
邮购电话　021-62869887
地　　址　上海市中山北路 3663 号华东师范大学校内先锋路口
网　　店　http：//hdsdcbs.tmall.com/

印 刷 者　北京汇林印务有限公司
开　　本　890×1240　32 开
印　　张　8
字　　数　179 千字
版　　次　2024 年 4 月第一版
印　　次　2025 年 3 月第三次
印　　数　9 101-10 100
书　　号　ISBN 978-7-5760-4859-9
定　　价　58.00 元

出 版 人　王　焰

（如发现本版图书有印订质量问题，请寄回本社市场部调换或电话 021-62865537 联系）